Werken met betekenis

Werken met betekenis

Dialooggestuurde hulp- en dienstverlening

Onder redactie van:
Alfons Ravelli
Lia van Doorn
Jean Pierre Wilken

Met medewerking van:
Greet van Gorsel
Marlieke de Jonge
Eddy Heuten
Anja Hacquebord
Nico Hoeben
Dirk den Hollander

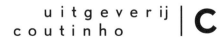

bussum 2009

© 2009 Uitgeverij Coutinho b.v.
Alle rechten voorbehouden.

Behoudens de in of krachtens de Auteurswet van 1912 gestelde uitzonderingen mag niets uit deze uitgave worden verveelvoudigd, opgeslagen in een geautomatiseerd gegevensbestand, of openbaar gemaakt, in enige vorm of op enige wijze, hetzij elektronisch, mechanisch, door fotokopieën, opnamen, of op enige andere manier, zonder voorafgaande schriftelijke toestemming van de uitgever.

Voor zover het maken van reprografische verveelvoudigingen uit deze uitgave is toegestaan op grond van artikel 16 h Auteurswet 1912 dient men de daarvoor wettelijk verschuldigde vergoedingen te voldoen aan Stichting Reprorecht (Postbus 3051, 2130 KB Hoofddorp, www.reprorecht.nl). Voor het overnemen van (een) gedeelte(n) uit deze uitgave in bloemlezingen, readers en andere compilatiewerken (artikel 16 Auteurswet 1912) kan men zich wenden tot Stichting PRO (Stichting Publicatie- en Reproductierechten Organisatie, Postbus 3060, 2130 KB Hoofddorp, www.cedar.nl/pro).

Uitgeverij Coutinho
Postbus 333
1400 AH Bussum
info@coutinho.nl
www.coutinho.nl

Zetwerk: Tekst in Beeld, Zorgvlied
Omslag: Crisja Ran, Amsterdam
Illustratie: Pagina 74, Fokke & Sukke – cartoon 'Mediator'© Reid, Geleijnse & Van Tol

Noot van de uitgever
Wij hebben alle moeite gedaan om rechthebbenden van copyright te achterhalen. Personen of instanties die aanspraak maken op bepaalde rechten, wordt vriendelijk verzocht contact op te nemen met de uitgever.

ISBN   978 90 469 0153 3
NUR   752

Voorwoord

Anders dan stoplichten laten rotondes de verantwoording bij de weggebruikers, en dit werkt in de meeste gevallen uitstekend.

Ik ben mijn loopbaan begonnen als groepsleider in de jeugdhulpverlening. Vol idealen wilde ik leren hoe ik mensen kon helpen. Aan het begin van elke nieuwe studie hoopte ik de juiste werkwijze te vinden. Steeds weer werd ik teleurgesteld. Langzaam maar zeker realiseerde ik mij dat de kracht van hulp- en dienstverlening niet alleen zit in het op de juiste manier toepassen van interventies.

Anders dan bij een kapotte auto, is er in mijn visie geen eenduidig antwoord op vragen waar mensen mee zitten. Iedereen geeft een eigen betekenis aan ingrijpende gebeurtenissen. Ik denk dat het belangrijk is om ruimte te geven aan deze individuele betekenissen. Deze ruimte heeft meer het karakter van een menselijke ontmoeting, dan van een technische interventie. Het blijkt dat mensen die geconfronteerd worden met indringende vragen, veel inzicht hebben en goede keuzes kunnen maken. Begeleiders moeten dan wel een context creëren waarin dat mogelijk wordt.

Vanuit dit inzicht heb ik gezocht naar werkwijzen die meer ruimte en aandacht geven aan deze betekenissen. Tot mijn verrassing ontdekte ik voortdurend nieuwe werkwijzen die hieraan voldoen. Zo stuitte ik onder andere op de Eigen Krachtconferentie en op Oplossingsgericht werken. Deze en andere werkwijzen zijn opgenomen in dit boek. Hoewel een aantal benaderingen al grote bekendheid genieten, kom ik nog steeds werkers tegen die nog nooit van dit soort werkwijzen hebben gehoord. Met dit boek hopen wij mensen te inspireren op hun zoektocht naar passende werkvormen.

Dit boek had ik nooit alleen kunnen schrijven. Heel bewust ben ik op zoek gegaan naar auteurs die niet alleen kennis, maar vooral ook ervaring hadden met de werkwijze die zij beschrijven. Ik wil daarom Eddy Heuten, Anja Hacquebord, Greet van Gorsel, Dirk den Hollander en Nico Hoeben bedanken omdat zij ons mee lieten kijken in hun praktijk.

Net als in de zorg- en dienstverlening verruimt de dialoog mijn kijk op betekenisgericht werken. Deze dialoog vond ik bij mijn mederedacteuren Lia van Doorn en Jean Pierre Wilken. Door onze gesprekken, en de feedback die we op basis hiervan aan de auteurs konden geven, zijn uiteindelijk de bijdragen tot stand gekomen zoals die nu voor u liggen.

Een woord van dank komt toe aan Wouter Nalis en Roelien de Wolf, die vanuit Uitgeverij Coutinho de redactie op plezierige en vakkundige wijze ondersteund hebben.

Tot slot wil ik de mensen bedanken die, als referent, de tekst over de benadering waar zij bij uitstek deskundig in zijn, van commentaar hebben voorzien. Hedda van Lieshout, Jan van Lieshout, Marion Uitslag en Andries Baart, dank!

Alfons Ravelli, zomer 2009

Inhoud

Inleiding		11
1	**Eigen Kracht-conferentie – Whanau Hui**	19
1.1	De Whanau Hui als oervorm van de Eigen Kracht-conferentie	20
1.2	Enkele cijfers over de Eigen Kracht-conferentie	21
	1.2.1 Een overzicht van onderzoek in het buitenland	21
	1.2.2 Nederlands onderzoek	21
	1.2.3 Waar worden Eigen Kracht-conferenties voor ingezet?	23
1.3	De Eigen Kracht-conferentie	24
	1.3.1 Het voortraject	25
	1.3.2 De conferentie	29
	1.3.3 De nazorg	34
1.4	Competenties van de sociale professional	34
2	**Echt Recht – Verdere escalatie op school voorkomen door inzet van Echt Recht**	39
2.1	Inleiding: herstelrecht	41
	2.1.1 Hoe is het herstelrecht ontstaan?	41
	2.1.2 De introductie van Echt Recht in Nederland	42
	2.1.3 Echt Recht: de huidige stand van zaken	43
2.2	Echt Recht in de praktijk	43
	2.2.1 Is dit een zaak voor Echt Recht? Een voorbeeld uit de praktijk	44
	2.2.2 Het Echt Recht-gesprek	46
	De introductie	46
	Het draaiboek	47
	Uitwisseling van ervaringen, gevoelens en gedachten	48
	De geleden schade herstellen	49
	Het herstelplan	50
	2.2.3 Afsluiting van de bijeenkomst	50
2.3	Ontwikkeling en vaardigheden van de Echt Recht-coördinator	50
	2.3.1 De kracht van een Echt Recht-gesprek	50
	2.3.2 Verfijning van het Echt Recht-model	51
	2.3.3 Vaardigheden van de Echt Recht-coördinator	51
3	**Presentie – Aansluiten bij de leefwereld van kwetsbare mensen**	53
3.1	Inleiding: wat is de kern van presentie?	53
3.2	Hoe is de presentiebenadering ontstaan?	55
3.3	De mensvisie achter de presentiebenadering	57

3.4	De presentiebenadering in de praktijk: het Catharijnehuis	57
	3.4.1 De relatie staat centraal	58
	3.4.2 Beweging naar de cliënt	59
3.5	Voor welke cliënten is de presentiebenadering geschikt?	61
3.6	Wat wordt er van de presentiewerker gevraagd?	62
3.7	Presentie, kun je dat leren?	63
3.8	Wat betekent de presentiebenadering voor een cliënt?	65
3.9	Misvattingen rond presentie	65
3.10	Implementatie in de praktijk: nogmaals het Catharijnehuis	66
3.11	Presentie, ook in de toekomst	68
4	**Mediation – Conflictoplossing via bemiddeling door een mediator**	71
4.1	Inleiding: mediation als methode van conflictoplossing	71
4.2	Wat is mediation?	72
	4.2.1 Toepassingsgebieden van mediation	72
	4.2.2 Wie is mediator?	73
	4.2.3 Waar vindt mediation plaats?	73
	4.2.4 Voor wie is mediation?	74
	4.2.5 Mediation in ontwikkeling	74
4.3	Mediation: de fasering	75
	4.3.1 Voorbereidingsfase	75
	4.3.2 Openingsfase	77
	4.3.3 Inventarisatiefase	78
	4.3.4 Draai- en categorisatiefase	82
	4.3.5 Onderhandelingsfase	85
	4.3.6 Afrondingsfase	87
4.4	Effecten en voorwaarden van mediation	88
	4.4.1 Slagingspercentage bij mediation	88
	4.4.2 Meer voordelen dan nadelen	88
	4.4.3 Indicaties en contra-indicaties	88
	4.4.4 Competentie van de mediator	89
4.5	Toekomstmuziek	90
5	**Rehabilitatie – Betekenisgevend handelen in de langdurige zorg vanuit de rehabilitatie- en supportbenadering**	93
5.1	Inleiding: Systematisch Rehabilitatiegericht Handelen	93
5.2	Betekenisgeving: krachten, participatie en persoonlijke voorkeuren	95
5.3	De zoektocht naar kwaliteit van leven: zoeken, kiezen, krijgen en vasthouden	96
5.4	SRH/SSH is werken aan participatie	100
5.5	SRH/SSH is mogelijkheden zien	102
5.6	Begeleiden met behulp van SRH/SSH	103
5.7	SRH/SSH samengevat	107

6	**Oplossingsgericht werken – Ontdek de kracht van je cliënt**	109
6.1	Inleiding: wat is oplossingsgericht werken?	109
6.2	Achtergronden: ontwikkeling van de oplossingsgerichte therapie	110
6.3	Visie achter oplossingsgericht werken	110
6.4	Houdingsaspecten van oplossingsgericht werken	111
6.5	Technieken voor oplossingsgericht werken	112
6.6	Onderzoek naar de effecten van oplossingsgericht werken	114
6.7	De werkzaamheid van oplossingsgerichte therapie	116
6.8	Oplossingsgericht werken in de praktijk: gesprekken met Miranda	116
	6.8.1 Eerste gesprek met Miranda (intake)	117
	6.8.2 Het tweede gesprek met Miranda	121
	6.8.3 Derde gesprek en afsluiting	127
6.9	Benodigde competenties voor oplossingsgericht werken	129
6.10	De meerwaarde van oplossingsgericht werken	130
7	**Cliëntperspectief – Wie zegt dat je onder leed moet lijden? Het recht op eigen betekenisgeving**	133
8	**Reflectie – Aansluiten bij het perspectief van de cliënt. Betekenisgeving en ervaringsleren als professionele kernwaarden**	147
8.1	Een andere manier van werken	147
8.2	Kenmerken van de nieuwe sociale professionaliteit	149
	8.2.1 Visie op hulp- en dienstverlening	149
	8.2.2 Handelingskader	149
	8.2.3 Houding	150
	8.2.4 Kennis	153
	8.2.5 Vaardigheden	155
8.3	Ondersteunende concepten	158
	8.3.1 De sociaal-constructivistische benadering	158
	8.3.2 Betekenisvol leren	163
	8.3.3 Ervaringsgericht leren	163
	8.3.4 Empowerment	168
8.4	Epiloog	170
Literatuur		172
Websites		176

Inleiding

Meedoen. Op weg naar nieuwe vormen van hulp- en dienstverlening

door Alfons Ravelli, Lia van Doorn en Jean Pierre Wilken

De samenleving is voortdurend in beweging. De maatschappij veranderde in de vorige eeuw van een verzorgingsstaat langzaam in een participatiestaat. Burgers zijn mondiger geworden, sociale beroepen zijn geprofessionaliseerd en werkers in dat veld zijn zich nu aan het herbezinnen. Overheden ontwikkelen beleid waar de burger steeds meer bij wordt betrokken en voor geactiveerd wordt.

Maatschappelijke veranderingen vragen om nieuwe vormen van hulp- en dienstverlening. In dit boek presenteren we een aantal werkwijzen die aansluiten bij de huidige ontwikkelingen in onze samenleving. De kern is dat mensen vooral zelf verantwoordelijk (willen) zijn voor de oplossing van problemen. In plaats van dat sociale professionals de oplossingen bedenken, zijn zij nu vooral ondersteunend bij dit proces. Deze benadering laat zich samenvatten in drie kernbegrippen: betekenisgericht, krachtgericht en dialooggestuurd werken.

In deze inleiding schetsen we eerst een aantal historische ontwikkelingen die hebben geleid tot actief burgerschap en steeds meer zelfsturing. Daarna geven we een vooruitblik op de inhoud van dit boek.

Historische ontwikkelingen

Rond het begin van de twintigste eeuw was de Nederlandse samenleving volop in beweging. De negatieve gevolgen van de industriële ontwikkeling werden verzacht door wet- en regelgeving. In 1874 legde het Kinderwetje van Van Houten de kinderarbeid aan banden. De kinderwetten van 1901 verlichtten de ouders bij de opvoeding van hun kinderen.

In 1899 werd in Nederland de eerste school voor maatschappelijk werk opgericht. Hier werden vooral vrouwen van betere komaf geschoold. Deze opleiding staat aan de basis van de professionalisering van de huidige sociale beroepen (Van der Linde, 2008).

Rond deze eeuwwisseling verwierven arbeiders steeds meer macht door zich te organiseren in vakbonden. Boeren verenigden zich in coöperaties om meer invloed te krijgen. In 1919 kregen ook de vrouwen kiesrecht. De gewone burgers kwamen steeds meer voor zichzelf op.

Tot 1940 werden alleen de meest extreme misstanden wat verzacht. De maatschappij was verzuild en nog erg hiërarchisch georganiseerd. Iedere zuil had haar eigen organisaties voor dienst- en hulpverlening. Hier waren maatschappelijk werksters actief.

Voorlichting over hygiëne en volkshuisvesting moest het gewone volk verheffen. Als dat niet lukte werden 'maatschappelijk onaangepaste gezinnen' in woonscholen geplaatst (Bal, 2009). Een andere mogelijkheid was hun kinderen naar internaten te sturen, ver weg in de bossen. Mensen met psychiatrische aandoeningen of verstandelijke beperkingen werden opgesloten in gestichten.

Na de Tweede Wereldoorlog trok de overheid steeds meer de verantwoordelijkheid voor het welzijn naar zich toe. In 1947 voerde minister Drees de Noodwet Ouderdomsvoorzieningen in, die in 1957 werd opgevolgd door de Algemene Ouderdomswet (AOW). In 1949 werd de grondslag gelegd voor de Werkloosheidswet (WW). Deze ontwikkelingen liggen aan de basis van de verzorgingsstaat.

De overheid ging steeds meer voor haar burgers zorgen. In de jaren zestig werd de Algemene Bijstandswet ingevoerd. De toegang tot het hoger onderwijs voor kinderen van arbeiders werd verbeterd door onder meer de Mammoetwet. Instellingen voor geestelijke gezondheid, welzijnswerk en jeugdhulpverlening kregen recht op subsidie en konden zich in toenemende mate professionaliseren. Burgers werden door deze ontwikkelingen minder afhankelijk van liefdadigheid. De staat nam de zorg over.

In de roerige jaren zestig stond 'het gezag' ter discussie. Er werd gedemonstreerd tegen de oorlog in Vietnam, en studenten streden voor inspraak in het universiteitsbestuur. Jongeren 'provoceerden' de gevestigde autoriteiten en namen de geuzennaam Provo aan. De Sociale Academies sloten zich aan bij de kritiek op de gevestigde orde en legden steeds meer de nadruk op de emancipatie van de arbeiders en de verandering van de maatschappij.

De verzorgingsstaat werd verder vervolmaakt door het kabinet-Den Uyl (1973-1977) die met haar leus *spreiding van kennis, macht en inkomen* uiting gaf aan de opvatting dat de maatschappij 'maakbaar' was: dat de maatschappij zich liet kneden naar de vorm die bestuurders wilden. Politici en werkers in mensgerichte beroepen zagen zichzelf als experts van het goede leven en gedroegen zich daar ook naar. Zij wisten wat goed was voor burgers. In cursussen als Vrouwen Oriënteren zich in de Samenleving (VOS) werden vrouwen bewust (gemaakt) van hun afhankelijke positie. Jongeren die van huis weg wilden lopen konden naar een Jongeren Advies Centrum (JAC) en werkende jongeren werden bewust gemaakt van slechte arbeidsomstandigheden. Met de komst van 'de pil' kregen vrouwen meer regie over hun leven en werden ze 'baas in eigen buik'.

In de dienst- en zorgverlening werd emancipatie een kernbegrip. Sociale Academies droegen bij aan de professionalisering van sociale beroepen. Freud met zijn aandacht voor weerstand en het onbewuste was verplichte stof, evenals Marx met zijn aandacht voor uitbuiting. Bewustwording van de eigen onderdrukking en werken aan de eigen persoonlijkheid vormden in veel opleidingen de kern. Linkse welzijnswerkers zagen zichzelf als de deskundigen van de emancipatie. De oorzaak van de problemen lag volgens hen in onderdrukkende structuren van de samenleving. Door deze ontwikkelingen nam de mondigheid van de burgers flink toe.

In de jaren tachtig van de vorige eeuw steeg de werkloosheid flink en werd de verzorgingsstaat steeds kostbaarder. Verregaande bezuinigingen moesten de kosten drukken. Werkers in zorg- en dienstverlening werden ter verantwoording geroepen. Als zij niet konden aantonen wat hun bijdrage was aan het welzijn van burgers, werden ze wegbezuinigd. Aanvankelijk gezien als wegbereiders naar een vrije wereld, werden werkers in sociale beroepen nu weggezet als 'geitenwollen sokken'.

Rond 1990 werd de marktwerking in zorg en welzijn geïntroduceerd. Instellingen moesten zichtbaar maken wat ze deden en aantonen dat het effect had wat ze deden. Bovendien moest 'een interventie' in zo kort mogelijke tijd tot resultaat leiden. Dit gold bijvoorbeeld voor de begeleiding van cliënten in een traject van arbeidsre-integratie waarbij zo snel mogelijk een baan moest worden gevonden. Instellingen met goede resultaten werden met elkaar vergeleken, en de goedkoopste werd als voorbeeld gesteld (benchmarking). Door instellingen met elkaar te laten concurreren (marktwerking) probeerde de overheid vernieuwingen te stimuleren en de kosten te drukken. Dit bracht de dynamiek terug in de zorg- en dienstverlening. Er werden steeds meer methodieken ontwikkeld die vervolgens werden onderzocht op hun effectiviteit. De theorieën van Freud en Marx raakten op de achtergrond. Leertheorieën en de daarop gebaseerde methoden voor gedragsverandering werden steeds belangrijker.

Sociale Academies zijn inmiddels veranderd in faculteiten van grootschalige instellingen voor hoger beroepsonderwijs. Studenten worden daar getraind om met bewezen effectieve methodieken te werken. Sociale professionals moeten goed kunnen verantwoorden wat ze doen en worden afgerekend op resultaten.

Wetenschappelijke evidentie voor de effectiviteit van hulpverleningsmethoden staat in hoog aanzien. Zonder accreditatie en certificering van officiële instanties kan geen enkele instelling meer overleven. Burgers worden consumenten die de zorg eisen waar ze recht op hebben. Krijgen ze die niet, dan dienen ze een klacht in of stappen ze naar de rechter.

Momenteel bevinden we ons in een overgangsfase van verzorgingsstaat naar activerende participatiemaatschappij (De Gier, 2007). Aan deze overgang naar de participatiestaat liggen veranderende opvattingen over burgerschap ten grondslag. De opvatting is nu dat burgers niet langer van de wieg tot het graf door de staat verzorgd hoeven te worden. Daar worden ze passief van: het doet geen appel op hun eigen verantwoordelijkheid en het smoort hun eigen oplossend vermogen.

De opvatting dat de samenleving maakbaar zou zijn, is inmiddels losgelaten. De overheid erkent dat ze niet alle problemen van alle burgers kan oplossen. Daarnaast onderkent ze dat er voor veel maatschappelijke problemen geen kant-en-klare oplossingen zijn die je bij het ministerie kunt bedenken en vervolgens kunt uitrollen naar de regio's. Het inzicht is ontstaan dat problemen in Limburg een andere oplossing vereisen dan vergelijkbare problemen in Amsterdam of Overijssel. Om die reden beperkt de landelijke overheid zich steeds meer tot het aangeven van wettelijke en financiële kaders. Ze delegeert de verantwoordelijkheid naar de lokale overheden om beleid te ontwikkelen dat aansluit bij regionale en plaatselijke behoeften.

Burgers dienen zich actief in te zetten om zelf oplossingen te vinden voor hun problemen, eventueel door hulp in te schakelen van familie, vrienden (mantelzorgers), vrijwilligers of andere burgers. Pas als burgers hun problemen niet in eigen kring kunnen oplossen, komen ze in aanmerking voor professionele hulp- en dienstverlening. Een aantal zorg- en welzijnstaken die sociale professionals de afgelopen decennia tot hun verantwoordelijkheid zijn gaan rekenen, wordt weer teruggelegd bij de burgers. Burgers worden beschouwd als expert van hun eigen leven.

Door deze burgerschapsvisie komt de nadruk meer te liggen op maatschappelijke participatie en activering. Participatie staat voor 'meedoen' door te werken, door lid te zijn van een club of door vrijwilligerswerk te doen. Meedoen verwijst ook naar zelfbeschikking. Door mee te doen, heb je als burger invloed. Door mee te doen hoor je erbij. Door de opkomst van internet hebben burgers ook steeds meer toegang tot informatie die eerder alleen toegankelijk was voor deskundigen. Op 1 januari 2007 werd een nieuwe wet ingevoerd – de Wet maatschappelijke ondersteuning (Wmo) – die beoogt dat álle burgers kunnen participeren in de samenleving en dat iedereen zo lang mogelijk zelfstandig kan blijven wonen. Gemeenten voeren deze wet uit. Ze hebben veel vrijheid om de uitvoering zelf vorm te geven. In deze wet wordt de gedachte achter de participatiestaat als volgt verwoord.

> 'Meedoen'. Dat is de kortst mogelijke samenvatting van het maatschappelijke doel van de Wet maatschappelijke ondersteuning (Wmo). De regering wil met dit wetsvoorstel ook stimuleren dat mensen die dat kunnen, meer dan nu het

geval is, zelf oplossingen bedenken in de eigen sociale omgeving voor problemen die zich voordoen. De regering stelt daarom een aantal historisch gegroeide vanzelfsprekendheden in zorg en ondersteuning ter discussie en doet een groter beroep op de eigen draagkracht van de burgers. 'Het vertrekpunt voor een krachtiger sociale structuur is zelforganisatie, maatschappelijke binding en eigen verantwoordelijkheid' (Tweede Kamer, 2004-2005).

Al deze ontwikkelingen dwingen sociale professionals tot reflectie op hun beroepshouding en hun werkwijzen. Steeds vaker zien ze zichzelf als adviseur of coach. Echter, velen zijn zelf nog voor een groot gedeelte het product van de verzorgingsstaat. Ze stellen kritische vragen bij de recente ontwikkelingen. Soms terecht: 'Worden de meest kwetsbare burgers niet de dupe van de dwang tot zelfsturing?' Soms niet terecht: 'Kunnen burgers wel zelf de juiste beslissingen nemen? Wij zijn daar toch voor opgeleid? We zitten in een veranderingsproces waarvan we nog niet weten waar het eindigt. Van Ewijk zegt hierover:

> De Wet maatschappelijke ondersteuning (Wmo) zie ik als een onderdeel van een groots ingezette innovatie in de sociale sector, hoewel de wet nauwelijks naar deze achterliggende innovatie verwijst. De Wmo en het transformatieproces vragen om een opnieuw doordenken van sturingsstrategieën in de sociale sector en om nieuwe concepten op de hoofdterreinen van zorg, opvoeding en leefbaarheid (Van Ewijk, 2006).

Opbouw van het boek
Met dit boek hopen wij een bijdrage te leveren aan het doordenken van 'nieuwe concepten' die passen bij ons huidige tijdsbeeld. Het boek is met name bedoeld voor studenten van sociaal agogische opleidingen, maar ook voor sociale professionals en andere geïnteresseerden. De hoofdstukken beschrijven een zestal nieuwe professionele werkwijzen en benaderingen die aansluiten bij de notie dat burgers zoveel mogelijk de regie van hun leven in eigen hand houden of opnieuw nemen.

Deze werkwijzen zijn beschreven door mensen die zelf op de betreffende manier werken. Ze hebben hun bijdragen zo geschreven dat de lezer als het ware over de schouder van de werker mee kan kijken. Deze praktijkmensen leggen hun eigen accenten en kleuren de werkwijze op persoonlijke manier in. Het gevolg hiervan is dat ze in hun beschrijvingen soms afwijken van de bestaande literatuur. Beeldende beschrijvingen worden afgewisseld met een toelichting en uitleg. We hebben gekozen voor werkwijzen die al langere tijd bestaan, waar uitgebreide beschrijvingen van beschikbaar zijn, en waar ook onderzoek naar is gedaan. Elk hoofdstuk sluiten we af met reflectievragen. Het boek wordt afgesloten met een beschouwend hoofdstuk.

In hoofdstuk 1 staat de *Eigen Kracht-conferentie* centraal. Alfons Ravelli beschrijft hoe zo'n conferentie verloopt. Ravelli werkt als docent op de Hogeschool Utrecht en organiseert als *burger* Eigen Kracht-conferenties. Hij laat zien dat ouders die behoorlijke problemen in de opvoeding ervaren, samen met vrienden en familie een goed plan kunnen maken om de situatie te verbeteren.

In hoofdstuk 2 geeft Eddy Heuten een inkijkje in de *Echt Recht-conferentie*. Zo'n conferentie richt zich op het contact tussen een dader en een slachtoffer. Net als bij de Eigen Kracht-conferentie worden leden van het sociale netwerk voor de conferentie uitgenodigd, in dit geval familie en vrienden van zowel de dader als het slachtoffer. Iedereen krijgt de kans om te vertellen wat er is gebeurd, hoe het hen heeft geraakt en wat er moet gebeuren om de schade te herstellen. Soms organiseert een getrainde burger de conferentie, in andere gevallen een beroepskracht. Eddy Heuten werkte als onderzoeker bij de Raad voor de Kinderbescherming en organiseert Echt Recht-conferenties.

Vervolgens belicht Anja Hacquebord in hoofdstuk 3 de *presentiebenadering*. Zij beschrijft de werkwijze van het Catharijnehuis in Utrecht, waar zij werkzaam is. De kern van de werkwijze met dak- en thuislozen is de aandachtige betrokkenheid voor deze kwetsbare mensen. Geen protocollen of voorschriften, maar menselijk contact staat centraal. Dat gaat niet vanzelf, maar vraagt een bijzondere inzet van beroepskrachten.

In hoofdstuk 4 gaat het om de vraag hoe *mediation* ingezet kan worden als methode om mensen tot oplossingen van conflicten te laten komen. Greet van Gorsel belicht de methode aan de hand van het voorbeeld van een gescheiden echtpaar dat strijdt voor een goede omgangsregeling met hun kind. Ondanks de pijn en het verdriet lukt het om de ouders zo te ondersteunen dat ze zelf tot goede afspraken komen. Anders dan bij een Echt Recht-conferentie wordt bij mediation niet per definitie het sociale netwerk betrokken. Greet van Gorsel werkt als maatschappelijk werkster en gezinstherapeut en is daarnaast mediator.

In hoofdstuk 5 beschrijven Dirk den Hollander en Jean Pierre Wilken de methodiek van het *Systematisch Rehabilitatiegericht Handelen* of *Supportgericht Handelen*. Zij doen dit aan de hand van vele voorbeelden uit de dagelijkse praktijk. Beide auteurs hebben aan de wieg gestaan van deze benadering. Dirk den Hollander is hoofdopleider bij het Centrum Opleidingen Langdurige en Complexe Zorg van de RINO Groep. Jean Pierre Wilken is lector Participatie, Zorg en Ondersteuning aan de Hogeschool Utrecht.

Nico Hoeben belicht in hoofdstuk 6 de laatste werkwijze die in dit boek beschreven staat: *de methode van oplossingsgericht werken*. Vanuit een grondhouding van 'niet-weten' stelt de hulpverlener vooral vragen die zijn cliënt uitnodigen te vertellen over eigen krachten en successen, en die hem eigen oplossingen laat ontdekken. Nico Hoeben was maatschappelijk werker en is hogeschooldocent bij Saxion Hogescholen.

Na deze hoofdstukken volgt een bijdrage van Marlieke de Jonge. Zij schrijft vanuit het perspectief van cliënten. Marlieke levert als ervaringsdeskundige kritiek op de samenleving. Volgens Marlieke sluit de samenleving mensen uit als ze afwijken van de normen en een andere betekenis hechten aan wat voor hen belangrijk is dan de hulpverlening doet. Zij illustreert dit aan de hand van haar ervaringen in de geestelijke gezondheidszorg, waar, zo beschrijft Marlieke, patiënten hun identiteit afgenomen wordt door ze bijvoorbeeld te vangen in Diagnose Behandel Combinaties. Ze pleit voor een samenleving waarin iedereen het recht heeft om *anders* te zijn en recht heeft op een *eigen betekenisgeving*. Dit hoofdstuk illustreert het grote belang van betekenisgericht, krachtgericht en dialooggestuurd werken.

We sluiten het boek af met een *reflectie op de beschreven werkwijzen*. Daarin staan de kenmerken die uit de beschreven benaderingen naar voren komen op een rij, en we noemen een aantal theoretische invalshoeken die van waarde zijn om nieuwe vormen van professionaliteit te funderen. Daarbij gaat het om de vraag wat deze nieuwe professionaliteit betekent voor de competenties van sociale professionals in de 21^e eeuw.

1 Eigen Kracht-conferentie

Whanau Hui

door Alfons Ravelli

Alfons Ravelli heeft als groepsleider in verschillende jeugdinstellingen gewerkt. Ook was hij betrokken bij de invoering van Videohometraining en Intensieve Directieve Thuisbehandeling in de provincie Utrecht. Alfons Ravelli organiseert en coördineert al jaren Eigen Kracht-conferenties, naast zijn werk op de Hogeschool Utrecht als docent pedagogiek. Aan de hand van zijn eigen ervaringen als coördinator geeft hij in dit hoofdstuk een kijkje in de praktijk van Eigen Kracht-conferenties.

> De Maori's stellen zich niet de vraag: 'Hoe kunnen we hem/haar veranderen?' maar 'Hoe kunnen we de relaties veranderen die hem/haar in dergelijke ongezonde patronen houden?'

Een Eigen Kracht-conferentie is geen hulpverleningsmethodiek, maar een besluitvormingsmodel. In dit model beslist niet een professionele hulpverlener wat er moet gebeuren om de opvoedingsvraag te beantwoorden, maar de ouders, kinderen, familie en andere voor de betrokkenen belangrijke personen; de familie maakt een plan, waar vaak ook hulpverleners gevraagd wordt een bijdrage aan te leveren. De conferentie wordt gecoördineerd door een getrainde burger. Toch is het van groot belang dat professionals goed weten wat de achtergronden zijn van deze werkwijze en hoe een plan tot stand komt. De familie verwacht van hen dat zij niet de regie zullen overnemen.

De Eigen Kracht-conferentie is ontwikkeld in Nieuw-Zeeland. In de volgende paragraaf kunt u lezen hoe de inheemse bevolking al eeuwen op deze wijze belangrijke beslissingen neemt. In paragraaf 1.2 wordt een overzicht gegeven van resultaten die in een Eigen Kracht-conferentie worden gehaald. Het aantal conferenties neemt elk jaar sterk toe, en het blijkt dat de families goede plannen kunnen maken. Na de cijfers leest u in paragraaf 1.3 hoe een conferentie in de praktijk werkt. U kunt lezen hoe een moeder en dochter dakloos werden en in het criminele circuit belandden. Met behulp van een Eigen Kracht-conferentie slaagden zij erin hun leven weer in eigen hand te nemen. Het voorbeeld laat zien dat een familie een groot deel van de plannen zelf kan uitvoeren. Maar vaak vragen familieleden ook van sociale professionals aanvullende ondersteuning. Dit vergt van de professional competenties om aan te sluiten bij de krachten en het plan. Deze competenties zijn beschreven in de laatste paragraaf.

1.1 De Whanau Hui als oervorm van de Eigen Kracht-conferentie

De Eigen Kracht-conferentie heeft haar wortels in de cultuur van de Maori's, de oorspronkelijke bewoners van Nieuw-Zeeland. In hun cultuur maken alle dingen en mensen deel uit van één samenhangende en steeds veranderende werkelijkheid. Net als dingen hebben mensen niet één naam of één betekenis, maar verandert de naam en de betekenis als de context verandert. Niet het individu is goed of slecht: de relaties waarin een individu zich bevindt, bepalen of iemand goede of slechte keuzes maakt.

Als in de Maori-cultuur mensen voor een moeilijke keuze staan, dan maken zij gebruik van de Whanau Hui. Whanau is bij de Maori's de groep mensen waartoe men behoort: het gezin en de aanverwanten. Hui is een bijeenkomst van mensen. Een Whanau Hui is een familieberaad waarin belangrijke beslissingen worden genomen. Alle deelnemers krijgen het woord en kunnen hun gevoelens en gedachten over een bepaald probleem of een situatie uiten. Het is belangrijk dat dit op een respectvolle manier gebeurt. Vervolgens zoeken zij gezamenlijk een manier om het sociale evenwicht te herstellen. Aan het einde van de bijeenkomst vat een van de ouderen het gesprek samen. De bijeenkomst wordt afgesloten met een knuffel of een *nose pressing* om het herstelde evenwicht te bevestigen (Dekerf en Plasschaert, 2007). De Whanau Hui is de oervorm van de Eigen Kracht-conferentie.

In de jaren tachtig van de vorige eeuw begonnen de Maori's in Nieuw-Zeeland zich te verzetten tegen de westerse manier van werken binnen de jeugdzorg. De adviesraad van Maori's toonde de volgende feiten aan.
1 Maori-kinderen waren oververtegenwoordigd in de jeugdzorg.
2 Er zaten onevenredig veel Maori-gezinnen in de caseload van maatschappelijk werkers.
3 Veel Maori-kinderen kwamen in witte pleeggezinnen.
4 Er waren bijna geen maatschappelijk werkers met een Maori-etniciteit.
5 Het leek erop dat er binnen de jeugdzorg sprake was van institutioneel racisme.

De toenmalige regering trok zich de kritiek aan en verbreedde de definitie van gezin; naast de ouders en de kinderen konden ook andere familieleden medeverantwoordelijkheid dragen voor de opvoeding. Deze benadering sloot beter aan bij de Maori-cultuur. Nog belangrijker was dat er een manier van werken werd ontwikkeld waarin werd samengewerkt met die uitgebreide families. Dit model om samen met de familie belangrijke beslissingen te nemen werd bekend onder de naam *Family Group Conference*. In 1989 kregen de bewoners van Nieuw-Zeeland het wettelijk recht op een dergelijke conferentie (MacGrath, 2005).

De Family Group Conference werd al snel ook gebruikt in Australië en Engeland, de Verenigde Staten en de Scandinavische landen. In 2000 introduceerde de stichting Op Kleine Schaal en onderzoeksbureau WESP de Family Group Conference in Nederland. In Nederland werd gekozen voor de naam *Eigen Kracht-conferentie*. Sinds een aantal jaren wordt de Family Group Conference ook gebruikt in Israël, Rusland, Hongarije en België.

1.2 Enkele cijfers over de Eigen Kracht-conferentie

Hoewel er wereldwijd veel gepubliceerd is over de Eigen Kracht-conferentie, is er weinig systematisch onderzoek gedaan naar de resultaten op langere termijn. In deze paragraaf komen eerst internationale studies aan de orde. Daarna richt zich de aandacht op Nederland.

1.2.1 Een overzicht van onderzoek in het buitenland

Voor de bespreking van de resultaten in andere landen heb ik gebruikgemaakt van de metastudie van Dekerf en Plasschaert (2007). Hierin hebben ze gekeken naar de onderzoeken in Australië, Groot-Brittannië, Noord-Amerika, Zweden en Nederland. Eigen Kracht-conferenties worden het meest ingezet in situaties waar sprake is van verwaarlozing, fysiek geweld en pedagogische onmacht van ouders. Het blijkt dat veruit de meeste gezinnen de verantwoordelijkheid kunnen blijven dragen voor de opvoeding van hun kinderen. Met behulp van een Eigen Kracht-conferentie zijn ze in staat goede plannen te maken en wordt hun sociale netwerk geactiveerd. Ook blijken Eigen Kracht-conferenties bruikbaar in gezinnen met verschillende culturen.

In alle landen die Dekerf en Plasschaert aanhalen, blijkt de tevredenheid over Eigen Kracht-conferenties groot. Niet alleen familieleden en anderen uit het sociale netwerk waarderen de methodiek en zijn tevreden over het plan, maar ook sociale professionals. Het blijkt dat 90% van de gezinnen in staat is een goed plan te maken, en dit plan wordt bijna altijd goedgekeurd door de verwijzer. De plannen blijken vaak creatiever en vollediger dan de verwijzers verwacht hadden. De plannen vallen binnen de wettelijke kaders en zijn veilig voor kinderen. Tot slot blijkt dat de beslissingen die families nemen minder ingrijpend zijn voor kinderen dan die van sociale professionals. Als kinderen niet meer thuis kunnen wonen, dan gaan ze relatief vaker wonen bij iemand van het eigen sociale netwerk. Effectenstudies over de langere termijn ontbreken tot op heden.

1.2.2 Nederlands onderzoek

In de periode 2001 tot en met 2007 werden er in Nederland 1101 gezinnen aangemeld voor een Eigen Kracht-conferentie. Bij 332 gezinnen werd wel gestart met de voorbereidingen, maar vond uiteindelijk geen conferentie plaats. In 30% van de gevallen ging de conferentie niet door omdat de familie zelf al een bevredigende oplossing had gevonden. Van 6% was de reden voor stopzetting niet bekend. In de overige gevallen was er een negatieve reden: de betrokkenen wilden niet meewerken, het netwerk werd door hen te klein of te onevenwichtig gevonden of er was ruzie. Bij 769 gezinnen mondde de aanmelding wel uit in een conferentie (WESP, 2008).

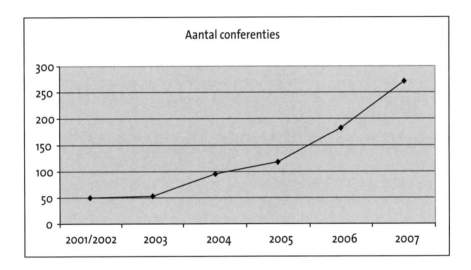

Figuur 1.1   Toename aantal conferenties (Bron: WESP, 2008)

Het aantal conferenties nam in de afgelopen jaren enorm toe. Elke twee jaar verdubbelde het aantal conferenties zo ongeveer (zie figuur 1.1). Het aantal deelnemers per conferentie ligt op ongeveer 13.

De vragen en problemen waar de gezinnen mee komen, hebben in de meeste gevallen te maken met de opvoeding en met de vraag waar een kind moet wonen (zie tabel 1.1). Het aantal vragen en problemen is groter dan het aantal feitelijke conferenties. Dit komt doordat er vaak meer dan één vraag in een conferentie behandeld wordt.

Uit recent onderzoek (Wijnen-Lunenburg e.a., 2008) naar Eigen Kracht-conferenties van gezinnen waar sprake is van een ondertoezichtstelling (OTS), blijkt dat leden van de familie en het overige netwerk als het gaat om de veiligheid van kinderen, op dezelfde kwesties letten als professionele hulpverleners. Dit betekent dat de familie in staat is de verantwoordelijkheid voor de kinderen te nemen.

Uit dit onderzoek blijkt ook dat de besluitvorming rondom verdere hulpverlening op zijn minst net zo goed uitpakt als de gangbare besluitvorming binnen de kinderbescherming. Deze conclusies sluiten aan bij het internationale onderzoek van Dekerf en Plasschaert (2007) (zie paragraaf 1.2.1).

	2001 2002	2003	2004	2005	2006	2007	totaal	percentage
opvoeding	29	37	92	94	157	172	581	35,40%
woonplek (waar moet het kind wonen)	14	37	42	65	71	97	326	19,90%
omgangsregeling met ouders/anderen	2	10	21	32	22	50	137	8,40%
gedrag kind	4	4	10	25	17	46	106	6,50%
zelfstandigheid	2	5	8	14	19	18	66	4,00%
onderwijs	4	4		12	13	31	64	3,90%
financiën/huisvesting					12	40	52	3,20%
medische zaken	1					18	19	1,20%
overig		16	24	57	70	121	288	17,50%
							1639	100,00%

Tabel 1.1 Vragen en problemen die aanleiding zijn voor een Eigen Kracht-conferentie (Bron: WESP, 2008)

Vervolgens blijkt uit het onderzoek van Wijnen-Lunenberg e.a. (2009) dat de ingezette hulp na een Eigen Kracht-conferentie net zoveel veiligheid voor de kinderen bracht als wanneer de gezinsvoogd op de gangbare manier een plan maakte, maar dat deze veiligheid zes maanden eerder tot stand kwam; na drie in plaats van na negen maanden.

De vermindering van zorgpunten treedt zes maanden eerder op dan in situaties waarbij de gezinsvoogd beslissingen neemt! Een Eigen Kracht-conferentie lijkt de afname van zorgpunten dus te versnellen.

1.2.3 Waar worden Eigen Kracht-conferenties voor ingezet?

In Nederland is men in de jeugdzorg begonnen met het inzetten van Eigen Kracht-conferenties, met name voor situaties waarin een belangrijke keuze gemaakt moet worden. Vaak gaat het om de vraag of het kind nog thuis kan blijven wonen. Maatschappelijk werkers van de bureaus Jeugdzorg zijn tot nu toe dan ook de grootste categorie sociale professionals die gezinnen verwijzen.

Vrij snel daarna is ook MEE, de instelling voor mensen met een handicap, begonnen met het verwijzen van gezinnen. Vaak betreft het gezinnen waarvan een van de leden een verstandelijke beperking heeft.

De Eigen Kracht-centrale sluit contracten af met provinciale en lokale overheden over het aantal conferenties die gedurende een bepaalde periode gefinancierd worden. Om die reden kan het aantal conferenties per stad of provincie sterk verschillen. Zo heeft het bestuur van Overijssel besloten dat iedere inwoner van de provincie recht heeft op een Eigen Kracht-conferentie, terwijl in andere provincies nog maar enkele tientallen conferenties door de provincie gefinancierd worden.

De laatste jaren ontstaan er steeds meer nieuwe mogelijkheden voor het inzetten van Eigen Kracht-conferenties. Elke situatie waarin mensen voor een ingrijpende beslissing staan, leent zich hier in feite voor. Te denken valt aan situaties waarin:
- een jongere veelvuldig spijbelt;
- sprake is van huiselijk geweld;
- de zorg voor een familielid zo zwaar wordt dat opname in een verzorgings- of verpleeghuis overwogen wordt.

Tot slot bestaan er verschillende varianten op de Eigen Kracht-conferentie. De meest bekende is de herstelbijeenkomst Echt Recht (zie hoofdstuk 2), met daarnaast ook de Alle Hens-conferentie, waarin burgers een plan maken om conflicten in een wijk of stad op te lossen, en leercirkels waarin leerlingen met hun netwerk hun eigen leerplan ontwikkelen.

1.3 De Eigen Kracht-conferentie

Hoe komt een persoon of gezin ertoe een Eigen Kracht-conferentie te laten organiseren? Meestal wordt een persoon of familie door een sociale professional gewezen op de mogelijkheid van een Eigen Kracht-conferentie. Vaak is dit een medewerker van Bureau Jeugdzorg. In toenemende mate verwijzen ook medewerkers van MEE en andere sociale professionals naar deze mogelijkheid.

> Eline is een meisje van 14 jaar. Na de scheiding is moeder dakloos geworden. Eline heeft de afgelopen maanden samen met moeder op verschillende adressen gewoond. Op een van de adressen is ze seksueel misbruikt. De gezinsvoogd plaatst haar in een instelling voor crisisopvang met een indicatie voor een leefgroep. Er is echter een wachtlijst van 10 maanden voor de geïndiceerde plaats. De gezinsvoogd hoort van de Eigen Kracht-conferentie en vraagt infor-

matie over deze manier van werken. Omdat hij wel mogelijkheden ziet, vraagt hij Eline en haar moeder Sonja of zij belangstelling hebben voor een dergelijke conferentie.

Degene die de conferentie aanvraagt heeft van tevoren al ongeveer verteld wat een Eigen Kracht-conferentie is en heeft gepolst of de betrokkenen er belangstelling voor hebben. Als er belangstelling is, vult iemand van de familie een aanmeldingsformulier in en volgt aanmelding bij de Eigen Kracht-centrale. Deze organisatie heeft Nederland in regio's verdeeld, met in elke regio een regiomanager. De woonplaats van het aangemelde gezin bepaalt welke regiomanager een coördinator zoekt voor dit gezin. Deze coördinator wordt ingehuurd voor deze ene conferentie. De coördinator bespreekt vooraf met het gezin al een voorlopige vraag voor de conferentie. Deze vraag wordt zo open mogelijk geformuleerd, zodat het plan nog alle kanten op kan.

> Waar kan Eline veilig opgroeien en goed contact houden met haar familie?

Er zijn in Nederland coördinatoren opgeleid met heel verschillende achtergronden en nationaliteiten. Gezamenlijk vertegenwoordigen de coördinatoren van het bestand tientallen talen. De familie kan van tevoren aangeven of ze voorkeur hebben voor een bepaald 'soort' coördinator. Er wordt zoveel mogelijk gezocht naar een coördinator die de taal van de betrokkenen spreekt en thuis is in de cultuur van dit gezin.

De organisatie van een conferentie bestaat uit drie delen: het voortraject, de conferentie zelf, en de nazorg. Hierna volgt eerst een schets van het verloop van het voortraject, daarna staat de conferentie zelf centraal, en de bespreking van de nazorg vormt de afsluiting van deze paragraaf.

De namen van de familieleden en de omstandigheden zijn zo veranderd dat ze niet terug te voeren zijn op de betrokkenen zelf.

1.3.1 Het voortraject

De coördinator neemt contact op met degene die het gezin heeft aangemeld, vaak is dat een sociale professional, soms de familie of de ouders. Binnen een paar dagen neemt de coördinator contact op met de ouders. Vaak hebben de ouder(s) en het kind nog vragen. Deze worden uitgebreid besproken. De volgende kenmerken van de Eigen Kracht-conferentie zijn in het voortraject in ieder geval aan de orde.

- De hele familie en het netwerk worden betrokken bij de vraag. Aan de kant van de coördinator vergt het soms de nodige tact om niet verstrikt de raken in allerlei oude familievetes of oud zeer bijvoorbeeld tussen gescheiden ouders.

Ondanks verschillende argumenten wil moeder niet dat de vader van Eline op de conferentie aanwezig is. Nel, de zus van vader, en haar man Rinus zijn welkom. Moeder en Eline konden vóór de scheiding goed met hen opschieten.

☞ De familie en andere mensen die belangrijk zijn voor het kind en de opvoeders zijn het belangrijkste besluitvormingsforum voor het kind. Gesprekken over wie er op de bruiloft waren of bij wie de ouder geld zou lenen als het echt nodig is, kunnen helpen. Soms wordt ook gebruikgemaakt van een genogram (zie figuur 1.2) en een bolletjesschema (zie figuur 1.3). Samen een fotoalbum of een trouwreportage bekijken kan ook goed werken.

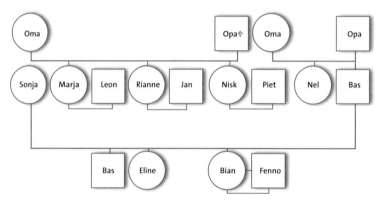

Figuur 1.2   Genogram

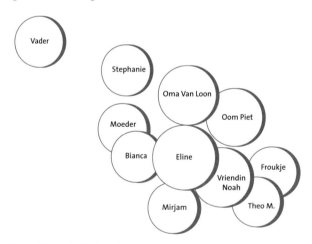

Figuur 1.3   Bolletjesschema

☞ De coördinator is onafhankelijk.

De coördinator benadrukt dat hij of zij niet in dienst is van een instelling voor jeugdzorg. Het enige belang is een conferentie te organiseren waarin de vraag van de familie besproken kan worden.

- Het belangrijkste deel van de conferentie is alleen toegankelijk voor de familie en vrienden.

    Daar waar het om de bespreking van de vraag gaat, is zelfs de coördinator niet aanwezig. Deze blijft wel in de buurt en zorgt voor koffie en de maaltijd.

- De verwijzer accepteert het plan.

    In het voorbeeld van Eline spreken de gezinsvoogd en de coördinator af dat de gezinsvoogd ter voorbereiding van de conferentie uitzoekt welke mogelijkheden voor hulpverlening er nog meer zijn in de regio en wat de wachtlijst voor de andere zorgprogramma's zijn. Ook spreken zij af dat de gezinsvoogd in de eerste fase uitlegt wat de verantwoordelijkheden van een gezinsvoogd zijn en dat de gezinsvoogd in geval van een pleeggezinplaatsing in principe akkoord gaat. Wel wil de gezinsvoogd dat dit pleeggezin eerst gescreend wordt op veiligheid en stabiliteit om definitief akkoord te kunnen gaan.

Een belangrijk onderdeel van dit eerste gesprek met de ouders en het kind is de vraag die met behulp van de conferentie beantwoord moet worden. Het moet de vraag van de familie zijn. Soms wordt een vraag uitgebreid of wordt een vraag toegevoegd.

In dit eerste gesprek wordt de vraag met betrekking tot Eline aangepast en worden twee vragen toegevoegd.
1   Wat is een veilige en stabiele plek voor Eline om te wonen?
2   Welke afspraken zijn er nodig over de manier waarop moeder en Eline contact houden?
3   Hoe kan Eline nog beter leren eigen beslissingen te nemen?

Minstens zo belangrijk is de veiligheid tijdens de conferentie. In dit kader is het noodzakelijk om steunfiguren te regelen. Aan het betreffende kind wordt gevraagd wie het mee wil nemen naar de conferentie. Naast vriendjes of vriendinnen zoekt de coördinator samen met het kind ook naar een volwassene die het kind vertrouwt en die 'kan helpen om iets te zeggen wat jij erg moeilijk vindt'.

Eline weet direct dat ze oom Jan gaat vragen om haar te helpen tijdens de conferentie.

Ook de moeder is vaak kwetsbaar tijdens een conferentie. Zo nodig wordt ook een steunfiguur voor moeder gezocht.

> Toen het gezin nog compleet was ondersteunde Petra, de toenmalige buurvrouw, het gezin vaak. Moeder wil graag dat zij komt en als het nodig is het woord voor haar voert.

Het gebeurt regelmatig dat de opvoeder niets meer te maken wil hebben met bijvoorbeeld een ex-partner of andere familieleden. Door steeds weer het belang van het kind naar voren te halen lukt het vaak om ook deze mensen bij een bijeenkomst te betrekken.

> 'Ik snap dat u niets meer met uw ex te maken wilt hebben, maar Bas is wel de vader van uw kind.'

Als het hele netwerk in kaart is gebracht, bezoekt de coördinator elk lid van het netwerk persoonlijk en vraagt elk van hen om tijdens de conferentie mee te denken over een antwoord op de vraag.

Na de familieleden te hebben opgezocht, bezoekt de coördinator ook de sociale professional die het gezin heeft aangemeld. In het voorbeeld van Eline is dit de gezinsvoogd. Over en weer wordt er kennisgemaakt en indien nodig de rol van de gezinsvoogd nog eens uitgelegd. Belangrijk is dat de professional na de conferentie meegaat in het plan dat de familie heeft gemaakt. Indien het kind onder toezicht is gesteld van een gezinsvoogd, dan zal de coördinator hem of haar vragen of er minimumeisen zijn waar het plan aan moet voldoen. Deze worden vooraf met de familie besproken. Dit is dus ook wat er in het geval van Eline gebeurt.

> De gezinsvoogd van Eline stelde als voorwaarde dat de veiligheid van Eline gewaarborgd moest zijn, dat Eline naar school moest (blijven) gaan en dat bij een eventuele plaatsing in een pleeggezin hij pas akkoord zou gaan als dit pleeggezin gescreend was.

Verder vraagt de coördinator tijdens de voorbereiding aan alle betrokkenen welke informatie zij nodig hebben om een goed plan te maken. Voor de conferentie nodigt hij deskundigen uit die de relevante kennis bezitten. Zo kan er bijvoorbeeld iemand van het Centrum voor Alcohol en Drugs uitgenodigd worden als één van de opvoeders verslaafd is, of een onderzoeker van de Raad voor de Kinderbescherming als er een melding is van kindermishandeling. Natuurlijk wordt ook de verwijzer, in het geval van Eline de gezinsvoogd van het Bureau Jeugdzorg, uitgenodigd.

> Een tante en een vriend van de familie willen weten wat een gezinsvoogd nu precies doet. Anderen vragen welke mogelijke vormen van hulpverlening er in situaties als deze beschikbaar zijn.

Tijdens het voortraject wordt een datum voor de conferentie afgesproken en een passende ruimte gezocht. Dit kan bijvoorbeeld een ruimte in het buurthuis zijn, in een kerk, een moskee of een hotel. De coördinator stimuleert de opvoeder en het kind om zoveel mogelijk zelf te doen: de ruimte regelen, de lunch organiseren en de uitnodiging maken.

1.3.2 De conferentie

Op de dag dat de conferentie plaats zal vinden zorgt de coördinator ervoor dat alles geregeld is: iedereen is uitgenodigd, er is eten en drinken, papier, schrijfmateriaal enzovoort.

> Een uur voordat de gasten komen is Eline met haar moeder Sonja aanwezig in het wijkcentrum. Ze maken broodjes, koffie en thee. Ondertussen zet de coördinator de stoelen in een cirkel en kijkt de flappen die gebruikt worden voor de laatste keer na.

Als alle genodigden aanwezig zijn en wat hebben gedronken, start de conferentie. De bijeenkomst bestaat uit drie fasen: het delen van informatie, de besloten beraadslaging en de presentatie van het plan.

Het delen van informatie
Op een flap staan het programma en de vragen die centraal staan. De coördinator heet iedereen van harte welkom en vertelt hoe belangrijk deze bijeenkomst is voor het kind, in dit geval voor Eline. Als iedereen zich heeft voorgesteld, legt de coördinator uit wie de vertrouwenspersoon voor het kind en de ouder(s) is en wat diens rol is.

> Voor Eline en Sonja is dit een spannende bijeenkomst. Wat er allemaal is gebeurd en het plan dat gemaakt moet worden roept veel op. Het is dan ook geweldig dat er voor beiden een paar mensen zijn die hen willen steunen. Mirjam, de vriendin van Eline, en oom Jan hebben gezegd dat zij Eline willen steunen. Als het voor Eline erg moeilijk wordt, dan mag ze best even weglopen. Mirjam en oom Jan lopen dan met haar mee om haar te steunen. Petra is een oude buurvrouw en goede vriendin van Sonja. Zij zal Sonja steunen als het moeilijk wordt.

Hierna maakt de coördinator afspraken over vertrouwelijkheid, respect en het recht om te spreken. Deze kernwoorden staan op een flap.

> **Vertrouwelijkheid**
> De informatie die hier wordt uitgewisseld betreft vooral Eline en Sonja, maar misschien ook anderen. Het is heel belangrijk dat iedereen kan zeggen wat hij of zij wil. Daarom is het nodig dat alles wat hier gezegd wordt onder ons blijft. Kunnen we dat met elkaar afspreken?
>
> **Respect**
> Het kan zijn dat niet iedereen dezelfde ideeën heeft als jullie een plan maken. Dat mag. Het is dan wel nodig dat ieder van jullie respect heeft voor de mening van de ander, ook al heb je zelf een andere mening. Kunnen we dat met elkaar afspreken?
>
> **Recht om te spreken**
> Om een goed plan voor Eline te maken, is het belangrijk dat iedereen zijn of haar gevoelens en gedachten kan uitspreken. Het is echter niet de bedoeling om oude koeien uit de sloot te halen en elkaar dingen te verwijten die gebeurd zijn. Het gaat erom een plan te maken voor de toekomst van Eline. Kunnen we afspreken dat iedereen het recht heeft om iets te zeggen?

Er vindt in de fase van het delen van informatie nog geen discussie plaats. Er kunnen wel vragen gesteld worden. Als er geen vragen meer zijn, geeft de coördinator het woord aan de verwijzer, in dit geval aan de gezinsvoogd.

> In de voorbereidingen bleek dat moeder veel spanning had omdat zij niet wist wat de gezinsvoogd zou zeggen over haar leven. Om die reden heeft de coördinator aan de gezinsvoogd gevraagd om dit onderdeel al twee weken voor de bijeenkomst met moeder te bespreken. Dit haalde de spanning voor een groot deel bij Sonja weg.

In de persoonlijke gesprekken met alle aanwezigen heeft de coördinator steeds gevraagd welke informatie nodig is voor het maken van een goed plan.

> Voor Eline en Sonja bleek het niet nodig om meer deskundigen uit te nodigen. Wel werd duidelijk dat oom Jan en tante Rianne zich aanboden als pleeggezin. Zij hadden veel vragen over de verdeling van de ouderlijke macht tussen de gezinsvoogd, moeder en zijzelf als zij pleeggezin zouden worden, en over de ondersteuning en financiën. De coördinator heeft de gezinsvoogd gevraagd om ook hier informatie over te geven.

Als er verder nog vragen zijn, dan worden die behandeld. Vervolgens verlaat iedereen die niet tot het netwerk van het gezin behoort de conferentie, ook de coördinator. Deze blijft wel op de achtergrond aanwezig.

De besloten beraadslaging
Zonder verdere begeleiding ontwikkelen de leden van het netwerk nu zelf een plan voor het gezin. Doordat er geen professional aanwezig is, gaan de betrokkenen op eigen kracht aan de gang. In het begin is iedereen nog wat onwennig. Vooral de ouder(s) en de kinderen vinden het erg spannend. Soms zijn de emoties hoorbaar en zichtbaar voor de coördinator.

> Als snel komt Sonja huilend uit de conferentie. Ze voelt zich aangevallen in haar moederschap. Petra loopt achter Sonja aan en slaat een arm om haar heen. De coördinator vraagt of hij iets te drinken kan aanbieden en houdt zich verder op de achtergrond. Na tien minuten gaan Sonja en Petra weer terug naar de anderen.

Deze besloten bijeenkomst kan een kortere of langere tijd in beslag nemen. Soms zijn mensen in een uur al klaar. In andere gevallen duurt dit gedeelte uren. De betrokkenen kunnen aangeven wanneer zij iets willen eten of drinken. De coördinator zorgt hiervoor, zodat de aanwezigen zich helemaal op het plan kunnen richten.

> De coördinator heeft een boek meegenomen. Als er niets te doen is, leest hij hierin. Hij legt het opzij als dat nodig is.

Presentatie van het plan
Als het plan klaar is, haalt iemand van de familie de coördinator erbij. Deze bespreekt het plan met de aanwezigen zonder zich met de inhoud te bemoeien. Wel is aan de orde of de afspraken duidelijk en concreet zijn.

Belangrijk is dat er afspraken gemaakt worden over de vraag wie controleert of het plan wordt uitgevoerd en wat er gebeurt als er afspraken niet worden nageleefd. Er wordt een datum afgesproken om hierover te praten. Ook wordt er afgesproken wie daarbij aanwezig zullen zijn. Als het nog niet is gebeurd, schrijft de coördinator het plan op een flap.

> Na bijna vier uur komt Sonja de coördinator vertellen dat er een plan is. Ze is zichtbaar blij. Samen zorgen ze voor verse thee, en de cake die Sonja gebakken heeft wordt aangesneden. Ondertussen belt de coördinator de gezinsvoogd en vertelt op welke tijd hij ongeveer verwacht wordt. Vervolgens bespreekt de coördinator elk punt van het plan.

De gezinsvoogd toetst het plan op de minimumvoorwaarden die hij in de eerste fase heeft geformuleerd. Vervolgens accepteert hij het plan.

Eigen Kracht-conferentie

De conferentie betreft: Eline Glastra
Geboren: 21-08-1992
Datum conferentie: 15 maart 2008

Aanwezige minderjarigen:
Eline; Bianca, zus van Eline; Fenno, vriend van Bianca; Noah, vriendin van Eline; Claudia, dochter van Froukje Boersma en vriendin van Eline en Willem, vriend van Claudia

Aanwezigen in relatie tot het kind/de kinderen/de jongere(n):
Sonja van Loon, moeder van Eline; mevrouw Van Loon, oma van Eline (mz); Jan en Rianne Van Loon, oom en tante van Eline; Leon en Marja van Ham, oom en tante van Eline; Niske en Piet Hosemans, oom en tante van Eline, Nel Verlaan-Glastra, tante van Eline, Theo en Froukje Mulder, pleegvader en pleegmoeder van Noah (vriendin van Eline). Froukje Boersma, vriendin van moeder van Eline; Piet de Vouw, vriend van moeder van Eline

Aanwezigen bij de eerste en laatste fase van de conferentie:
Floris van Buuren, gezinsvoogd van Eline; Alfons Ravelli, coördinator EKC

De voorgelegde vragen:
1 Wat is een veilige en stabiele plek voor Eline om op te groeien?
2 Welke afspraken zijn er nodig over de manier waarop moeder en Eline contact houden?

Het plan

1 Oom Jan en tante Rianne worden het pleeggezin voor Eline. De insteek is begeleiden naar zelfstandigheid;
2 Eline blijft op de wachtlijst voor een leefgroep staan;
3 Als het goed gaat met Eline, dan blijft ze in het pleeggezin;
4 Totdat het pleeggezin gescreend is, blijft de gezinsvoogd verantwoordelijk voor de plaatsing. Als het pleeggezin niet door de screening komt, dan gaat Eline alsnog naar een leefgroep;
5 Om het weekend gaat Eline naar moeder;
6 Zolang betrokkenen het nodig vinden is er elke zes weken een evaluatie met gezinsvoogd, pleegzorgwerker, moeder, Eline en pleegouders;
7 De gezinsvoogd:
   a Meldt Eline aan bij een school in de omgeving van het pleeggezin;
   b Doet een aanvraag voor therapie voor Eline;

    c Regelt geheimhouding bij de afdeling burgerzaken van de gemeente;
    d Brengt de politie op de hoogte van de situatie van Eline zodat er snel hulp komt als het nodig is;
8 Als er conflicten zijn, dan is oom Leon beschikbaar voor bemiddeling;
9 De invulling van vakanties en vrije tijd gebeurt in overleg met pleegouders, Eline, moeder en gezinsvoogd;
10 Jan en Rianne hebben de telefoonnummers van iedereen die op de conferentie aanwezig zijn;
11 De familie blijft Sonja en Eline steunen.

Plan geaccepteerd door:
Mondeling door alle aanwezigen op 15 maart 2008

Als in de praktijk blijkt dat het plan dient te worden aangepast, komt de volgende afvaardiging bijeen:
Vanuit de familie/sociaal netwerk:
De pleegouders, moeder en Eline. Oom Leon is beschikbaar als er conflicten zijn

Vanuit de hulpverlening:
De gezinsvoogd komt om de zes weken, zolang als dat nodig is

Afspraken over de eerste evaluatie:
Over drie maanden. Oom Jan regelt dit. Doelen: nagaan hoe het gaat en de familieband aanscherpen

Deze vindt plaats op:
7 juni In 'het Anker' in Spakenburg

Daarbij zullen aanwezig zijn:
Vanuit de familie/sociaal netwerk:
In ieder geval dezelfde mensen als op de conferentie

Vanuit de hulpverlening:
N.v.t.

Ik verklaar dat alles wat hierboven staat de ware en juiste weergave is van de afspraken die zijn opgenomen in het plan van de conferentie.

Coördinator:	**Datum**:	**Plaats**:
Alfons Ravelli	15 maart 2008	Spakenburg

Als het plan geaccepteerd is, legt de coördinator uit dat de Stichting Eigen Kracht-centrale het op prijs stelt om te weten hoe iedereen de conferentie heeft ervaren. Hij vraagt of de aanwezigen een tevredenheidsformulier thuis invullen en vervolgens willen opsturen naar de organisatie. Hierna bedankt hij de aanwezigen voor hun inzet.

> Ik ben diep onder de indruk van jullie inzet en de inspanning die jullie hebben geleverd om een goede plek voor Eline te vinden. Ik zal het plan overschrijven en naar iedereen die hier aanwezig was opsturen, ook naar de gezinsvoogd.
>
> Niet alleen voor Eline, maar ook voor Sonja is het van groot belang dat jullie zoveel zorg en betrokkenheid hebben laten zien. Ik dank jullie wel.

1.3.3 De nazorg

De coördinator zorgt ervoor dat de kosten die gemaakt zijn, worden vergoed. Ook de huur van de ruimte en de kosten voor het eten en drinken worden betaald.

> Eline had de uitnodigingen gemaakt en verstuurd. Sonja heeft het eten en drinken verzorgd. Ook was afgesproken dat Sonja een vergoeding zou krijgen voor de telefoonkosten die ze zou maken. Beiden geven de bonnetjes aan de coördinator die hen de gemaakte kosten uitbetaalt.

De coördinator neemt het plan over in de computer en mailt dit (of stuurt de uitgeprinte versie per post) naar de betrokkenen. Hij stuurt het plan ook naar onderzoeksbureau WESP, samen met registratieformulieren die al ingevuld zijn. WESP registreert en onderzoekt alle gehouden conferenties.

Na drie maanden belt de coördinator alle aanwezigen nog eenmaal op om te vragen hoe het gaat. Hij vraagt:
1 of het plan wordt uitgevoerd;
2 hoe iedereen terugkijkt op de conferentie;
3 hoe men achteraf de conferentie beoordeelt.

Van ieder gesprek vult de coördinator een registratieformulier in als follow-up. De formulieren stuurt hij op naar onderzoeksbureau WESP, samen met zijn eigen declaratieformulier. Hiermee is het contract tussen de Stichting Eigen Kracht en de coördinator afgerond.

1.4 Competenties van de sociale professional

De Eigen Kracht-conferenties worden gecoördineerd door een getrainde burger die minimaal één keer per jaar een conferentie organiseert. De keuze voor een getrainde burger heeft te maken met de visie van de Eigen Kracht-centrale: de coördinator moet onafhankelijk zijn. Dit betekent niet dat sociale professionals buiten spel worden gezet. Zij krijgen alleen een andere rol.

> De gezinsvoogd van Eline blijft net zo verantwoordelijk voor haar opvoeding als voorheen. Hij grijpt in als het nodig is en rapporteert aan de kinderrechter. In dit geval heeft de familie echter zelf een plan gemaakt.

Welke competenties heeft een sociale professional nu nodig om deze nieuwe rol goed uit te voeren?
We onderscheiden vijf competenties: kennis van achtergronden en werkwijzen, vertrouwen in de mogelijkheden van burgers, oog voor de gemeenschap, in staat zijn tot het voeren van een dialoog en in staat zijn aan te sluiten bij de kracht van mensen.

Gedegen kennis van de achtergronden en werkwijze van de Eigen Kracht-conferentie
Om mensen goed voor te bereiden is het nodig dat de sociale professional goed weet wat een Eigen Kracht-conferentie is en wie welke rollen heeft. Deze kennis betreft niet alleen het verloop van de conferentie, maar ook kennis van de rollen en posities van de verschillende betrokkenen.

> Toen de gezinsvoogd aan Sonja een Eigen Kracht-conferentie voorstelde, maakte hij duidelijk dat de coördinator niet in dienst was van Bureau Jeugdzorg. Hij vertelde dat de coördinator in het dagelijkse leven ander werk deed en maar een paar maal per jaar een conferentie organiseerde.

Vertrouwen in de mogelijkheden van burgers
Sociale professionals kunnen alleen vertrouwen hebben in de mogelijkheden van burgers als zij diep doordrongen zijn van het besef dat wat zij als persoon goed zouden vinden, voor deze specifieke cliënt niet per definitie het beste is. Slechts als zij oog hebben voor de mogelijkheden, de eigenaardigheden van de cliënt en de sociale en historische situatie van de burger, kunnen zij vertrouwen hebben in de mogelijkheden van burgers.

Oog voor de gemeenschap waar burgers deel van uitmaken
De meeste hulpverleners zijn opgeleid om alleen naar individuen te kijken. In het gunstigste geval betrekken zij ook de directe naasten van het individu in hun begeleiding. Door hun aandacht voor het individu vergeten veel sociale professionals dat mensen ook deel uitmaken van een groter geheel van relaties: familie, vrienden, een religieuze gemeenschap enzovoort.
  De verbinding met de mensen in het eigen netwerk werkt soms beperkend voor de betrokkene. In andere gevallen zit hier ook heel veel kracht in.

In staat tot een dialoog met de cliënt
Vanuit het besef dat je als sociale professional een andere kijk kunt hebben op de situatie dan de cliënten die je begeleidt, moet je in staat zijn om:
- je goed in te leven in de situatie van de cliënt en begrip hebben voor zijn of haar keuzes;
- je goed bewust te zijn van jouw positie en de manier waarop de cliënt tegen jouw positie aankijkt. In veel situaties zien de cliënten jou als deskundige;
- als het nodig is jouw visie zo te bespreken met de cliënt dat er maximale ruimte blijft voor de cliënt.

De gezinsvoogd was medeverantwoordelijk voor de veiligheid van Eline en formuleerde vanuit deze positie de minimumeisen die hij aan het plan stelde. Hij deed dit op zo'n manier dat de familie maximale ruimte kreeg om een eigen plan te maken.

In staat aan te sluiten bij de krachten van mensen
Als de familie een plan heeft gemaakt en in dit plan aanvullende steun vraagt van sociale professionals, dan is het zaak dat deze professionals niet alleen kennisnemen van het plan, maar voortdurend aansluiten bij de wensen en krachten van de familie.

Nadat moeder een keer onverwacht op de stoep van oom Jan en tante Rianne stond om Eline mee te nemen, ontstond er een hevig conflict. Net op dat moment kwam de gezinsvoogd langs. Zijn eerste reactie was: ingrijpen. Op datzelfde moment realiseerde hij zich dat de familie zelf heel goed in staat was om dit soort situaties op te lossen. Hij stelde voor oom Leon te vragen om te bemiddelen.

Reflectievragen

1 De Maori's, de oorspronkelijke bewoners van Nieuw-Zeeland, hadden moeite met de manier van hulpverlenen van de nieuwe bewoners van Nieuw-Zeeland. Deze nieuwe bewoners kwamen veelal uit Engeland.

   a   Waarin verschilde de manier waarop de Maori's omgingen met problemen van de manier van de nieuwe bewoners?

   b   Hoe kun je verklaren dat de 'Engelse manier' van hulpverlenen ervoor zorgde dat kinderen van de Maori's oververtegenwoordigd waren in de hulpverlening?

c Zou het mogelijk kunnen zijn dat bepaalde groepen kinderen in Nederland door de huidige manier van werken van de Bureaus Jeugdzorg oververtegenwoordigd zijn in de geïndiceerde jeugdzorg?

2 In Overijssel heeft iedere burger die jeugdzorg nodig heeft nu al *recht* op een Eigen Kracht-conferentie. Stel je voor dat dit recht in heel Nederland van toepassing zou worden. Wat betekent dat voor jou als sociale professional?

3 Kun je situaties bedenken waarin Eigen Kracht-conferenties ook nuttig zijn buiten de jeugdzorg?

2 Echt Recht

Verdere escalatie op school voorkomen door inzet van Echt Recht

door Eddy Heuten

In dit hoofdstuk laat Eddy Heuten zien op welke manier Echt Recht in de praktijk kan worden toegepast. Hij schrijft onder andere over zijn ervaringen als raadsonderzoeker bij de Raad voor de Kinderbescherming in Zwolle. In deze functie heeft Eddy Heuten, samen met zijn collega's, al vroeg gezocht naar mogelijkheden om Echt Recht-principes te integreren in hun werk. Sinds 2000 is Heuten nauw betrokken bij het ontwikkelen en uitvoeren van Echt Recht-gesprekken. Vanaf 2007 is Eddy werkzaam in het voortgezet onderwijs als coördinator van twee reboundvoorzieningen in Harderwijk en Nijkerk. Samen met een team vangt Heuten leerlingen op die binnen het reguliere onderwijs, om welke reden dan ook, dreigen uit te vallen. Door middel van gedragsinterventies wordt intensief met leerlingen gewerkt zodat ze na verloop van tijd weer kunnen terugkeren naar de school waar ze vandaan komen. Naast zijn dagelijkse werkzaamheden werkt Eddy freelance als bemiddelaar bij Slachtoffer in Beeld. In zijn werk als bemiddelaar maakt Eddy gebruik van de Echt Recht-principes.

> Ik was een jaar of 15 en reisde dagelijks met de bus van en naar huis. Op een donkere druilerige middag zat ik op een muurtje te wachten op mijn bus. Rechts van mij passeerde een groepje jongens en in het voorbijgaan werd er naar mij gekeken waarbij een van de jongens vroeg of ik iets van hem aanhad. Nog voordat ik kon reageren kreeg ik een vuistslag in mijn gezicht. Enigszins verward zag ik nog net vanuit mijn ooghoeken dat een van de jongens mijn tas weggriste en deze een eindje verderop in de bosjes leeggooide. Nadat ik van de eerste schrik was bekomen begon ik mijzelf vragen te stellen. Waarom werd ik geslagen, had ik iets verkeerd gedaan of was ik toevallig op het verkeerde moment op de verkeerde plaats?
> Ik vergat het voorval, totdat ik in 2000 in aanraking kwam met het herstelrechtmodel Echt Recht.

Echt Recht is een model waarbij de dader en het slachtoffer van een incident door een Echt Recht-coördinator met elkaar in contact worden gebracht om te praten over datgene wat is voorgevallen. In een gesprek krijgt de dader de gelegenheid om verantwoordelijkheid te nemen voor zijn gedrag terwijl het slachtoffer de gelegenheid krijgt om zijn boosheid, angst en andere gevoelens kenbaar te maken. De kracht van het Echt Recht-model zit in het feit dat ook het sociale netwerk, vaak familieleden van zowel de dader als het slachtoffer, bij het Echt Recht-gesprek worden uitgenodigd. De mensen die zijn meegekomen krijgen op die manier de gelegenheid te vertellen op welke manier zij met de gevolgen van een delictsituatie te maken hebben gekregen.

De gedachte achter een Echt Recht-gesprek is dat het slachtoffer zich na een gesprek prettiger voelt, waarbij gevoelens van angst en onveiligheid kunnen worden weggenomen. De dader krijgt de gelegenheid zijn excuses aan te bieden en een kans om zich te rehabiliteren.

Een Echt Recht-gesprek zorgt er in vrijwel alle gevallen voor dat dader en slachtoffer met elkaar gaan praten en dat er afspraken worden gemaakt over herstel van de geleden schade. Het Echt Recht-project bij de Raad voor de Kinderbescherming in Zwolle heeft deel uitgemaakt van twee landelijke onderzoeken en heeft daarnaast een grote bijdrage kunnen leveren aan het ontwikkelen van nieuwere en andere vormen van herstelrecht dankzij deelname aan diverse landelijke werkgroepen met betrekking tot herstelrecht. De grootste verandering bij de Raad voor de Kinderbescherming in Zwolle – dus binnen mijn eigen werksituatie – is geweest dat de Raad de uitgangspunten heeft losgelaten zoals die door de licentiehouder, Eigen Kracht-centrum voor Herstelgericht Werken, is beschreven. Deze organisatie gaat uit van een vastgesteld en welomschreven feit of incident. In de praktijk blijkt soms dat niet alle feiten en incidenten even helder zijn. Denk daarbij bijvoorbeeld aan pestsituaties waarin de gepeste een keer van zich afslaat en van slachtoffer tot dader wordt. Met de Echt Recht-gesprekken in dit hoofdstuk laat ik zien hoe ze binnen de Raad voor de Kinderbescherming Zwolle worden toegepast met gebruikmaking van elementen uit het Echt Recht-model.

Mijn ervaring met het organiseren en begeleiden van Echt Recht-gesprekken heeft me geleerd dat dit model geen verliezers kent. Elke deelnemer krijgt de gelegenheid om zijn verhaal te vertellen. Vooral jeugdige daders die met hun delictgedrag worden geconfronteerd, krijgen meer inzicht in wat ze hebben veroorzaakt en zullen daardoor minder snel opnieuw in de fout gaan. Ik heb in het kader van mijn werk rapport uitgebracht aan de kinderrechter over minderjarige jongeren van 12 tot 18 jaar die een strafbaar feit begingen, en ik ben geen enkele dader voor de tweede keer tegengekomen.

Naast de Raad voor de Kinderbescherming Zwolle zijn in Nederland verschillende andere jeugdzorginstellingen sinds 2000 gaan experimenteren met het Echt Recht-model. Enkele organisaties die zich met Echt Recht bezighouden (of dat hebben gedaan) zijn onder andere Bureau Jeugdzorg Drenthe, de Politie Friesland, Slachtoffer in Beeld Utrecht, Slachtofferzorg Nederland en verschillende onderwijsinstellingen.

In de volgende paragrafen staat de ontstaansgeschiedenis van herstelrecht centraal, en de situatie zoals die in Nederland is. Vervolgens neem ik de lezer, aan de hand van voorbeelden uit de praktijk, stap voor stap mee door het Echt Recht-proces zoals ik dat binnen mijn werksituatie heb toegepast.

2.1   Inleiding: herstelrecht

De lezer heeft al gemerkt dat er meerdere termen worden gebruikt. De ene keer wordt er gesproken over herstelrecht, de andere keer over Echt Recht. Maar wat is nu het verschil of de overeenkomst tussen beide begrippen? Twee definities:

> 'Herstelrecht is een democratische ervaring waarin degenen die het meest betrokken zijn bij een probleem, bespreken wat zij ervan vinden, hoe zij daardoor geraakt zijn en besluiten hoe ze erop reageren' (Handboek Echt Recht, 2005).

> 'Herstelrecht is elke actie die in de eerste plaats is gericht op recht doen door herstel van de schade die is veroorzaakt door een misdrijf' (Walgrave, 2000).

In deze twee definities komt naar voren dat herstelrecht een verzamelnaam is voor verschillende vormen van het herstelrechtmodel, zoals aan het begin van dit hoofdstuk al is aangegeven. In Nederland wordt vooral gewerkt met de herstelrechtvariant Echt Recht. In de volgende paragrafen gaat het om een specifieke toepassing van het Echt Recht-model zoals die wordt toegepast bij Kinderbescherming Zwolle.

2.1.1   Hoe is het herstelrecht ontstaan?

Herstelrecht is begin jaren zeventig van de vorige eeuw in Canada ontstaan als reclasseringsalternatief voor jonge criminelen. De zogenaamde verzoeningsprogramma's richtten zich in eerste instantie op daders, maar al snel bleek dat ook slachtoffers ervan profiteerden. Na een herstelrechtgesprek konden dader en slachtoffer een strafvoorstel aan de rechter voorleggen waardoor ze een stem in de rechtsprocedure kregen en deze deels konden bepalen.

Onafhankelijk van de herstelrechtpraktijken in Canada werd in Nieuw-Zeeland in 1989 de 'Children, Youth and Families Act' aangenomen. Deze wet kwam voort uit ontevredenheid van de Maori's met de manier waarop justitie omging met jongeren in zaken op het gebied van criminaliteit en welzijn. De wet bood de mogelijkheid om een groot aantal overtredingen op te lossen door een proces dat 'Family Group Conferencing' heette. In plaats van de zaak aan de rechter voor te leggen werd de hele familie van een jongere bijeengeroepen met de opdracht te zoeken naar een oplossing. Deze wijze van werken weerspiegelde de traditie van de Maori's waarin familieleden en de gemeenschap direct betrokken moesten worden bij het zoeken naar een oplossing voor een wandaad of ander delict, gepleegd in die samenleving. De Eigen Kracht-conferentie – het onderwerp van hoofdstuk 1 – en het Echt Recht-gesprek komen dus uit dezelfde bron.

In Australië zijn deze ideeën over herstelrecht door een brigadier van politie, Terry O'Connell, verder uitgewerkt. Hij was van mening dat het slachtoffer te weinig bij de herstelrechtprocedure werd betrokken doordat het slachtoffer geen onderdeel van het hele proces uitmaakte en daardoor geen inbreng had in het herstelplan. In de optiek van O'Connell hadden niet alleen de dader en zijn familie behoefte aan herstel, maar ook het slachtoffer en iedereen die geraakt was door het gebeurde. Hij ontwikkelde daarom een conferentiescript waarin zowel de dader als het slachtoffer met familie en sociaal netwerk elkaar kon ontmoeten. Het resultaat van de inspanningen van O'Connell staat bekend als het 'Wagga Wagga-model'. In 1994 stelde het Winston Churchill Memorial Trust O'Connell met een reisbeurs in staat anderen te vertellen over zijn werk. Zijn reizen resulteerden in een verbreiding van dit model in Amerika, Canada en het Verenigd Koninkrijk, en de oprichting van Real Justice in 1994. In 1999 volgde de oprichting van het International Institute for Restorative Practices, met als doel het invoeren van *restorative justice* te bevorderen. Hierna hebben herstelrechtpraktijken in verschillende vormen hun weg naar het Europese vasteland gevonden.

2.1.2 De introductie van Echt Recht in Nederland

In Nederland heeft de stichting Op Kleine Schaal de term 'Echt Recht' bedacht, als afgeleide van de term 'restorative justice'. In 2000 heeft deze stichting het Echt Recht-model in Nederland geïntroduceerd en zijn de eerste Echt Recht-coördinatoren opgeleid. Verder is in 2002 op initiatief van bureau WESP (onafhankelijk onderzoeksinstituut) en de stichting Op Kleine Schaal de stichting Eigen Kracht-centrale opgericht, het landelijk Centrum voor Herstelgericht Werken. In dezelfde periode zijn verschillende jeugdzorginstellingen in Nederland gestart met het voeren van Echt Recht-gesprekken. Ruim vijf jaar later zijn er in Nederland ongeveer 350 opgeleide Echt Recht-coördinatoren en werken ongeveer 250 mensen daadwerkelijk met het Echt Recht-model. In totaal zijn er 542 geregistreerde Echt Recht-gesprekken gevoerd, wat neerkomt op 61% van alle aanmeldingen. In 213 van alle geregistreerde zaken heeft er geen Echt Recht-gesprek plaatsgevonden. Vaak omdat het slachtoffer dat niet wilde (34%) of omdat het probleem al was opgelost (13%).

Er zijn geen duidelijke richtlijnen vastgesteld voor soorten incidenten waarop Echt Recht toepasbaar is. Recente cijfers van de stichting Eigen Kracht-centrale wijzen uit dat de meeste Echt Recht-gesprekken betrekking hebben op strafbare feiten zoals lichamelijke mishandeling (45%), bedreiging en intimidatie (13%) en vernieling en vandalisme (12%).

Uit onderzoek blijkt dat bij de meeste Echt Recht-gesprekken 8 tot 15 deelnemers aanwezig zijn. De duur van een gesprek ligt tussen de 30 en 90 minuten, waarbij geldt dat hoe meer deelnemers er aanwezig zijn, hoe langer een Echt Recht-gesprek duurt (WESP, 2007).

2.1.3 Echt Recht: de huidige stand van zaken

Naar aanleiding van recent wetenschappelijk onderzoek door het Wetenschappelijk Onderzoek- en Documentatie Centrum, kortweg WODC, heeft voormalig minister van Justitie Donner in het najaar van 2006 een brief aan de Tweede Kamer gestuurd waarin hij aangaf slachtoffers van misdrijven de mogelijkheid te willen bieden om een gesprek met de dader te voeren, een zogenaamd slachtoffer-dadergesprek. Donner stelt in de brief dat het uitgangspunt moet zijn dat een slachtoffer-dadergesprek alleen kan plaatsvinden op basis van vrijwilligheid en dat dit gesprek voor daders alleen als aanvulling op de strafrechtelijke procedure kan worden toegepast.

Sinds 1 januari 2007 is de stichting Slachtoffer in Beeld door de Nederlandse overheid aangewezen om uitvoering te geven aan de organisatie van slachtoffer-dadergesprekken. (Tweede Kamer, 2005-2006).

Aangezien Slachtoffer in Beeld veelal gebruikmaakt van de nu nog bestaande projecten, en nieuwe bemiddelaars laat opleiden tot Echt Recht-coördinator, wordt er in de praktijk gewerkt met het Echt Recht-model en wordt het sociale netwerk, anders dan het slachtoffer-dadergesprek doet vermoeden, in veel gevallen nog steeds bij de gesprekken betrokken.

2.2 Echt Recht in de praktijk

Personen of organisaties die een Echt Recht-gesprek willen voorbereiden en begeleiden moeten eerst een training voor Echt Recht-coördinator hebben gevolgd. Regelmatig wordt de training voor Echt Recht-coördinator landelijk door de stichting Eigen Kracht-centrale aangeboden. Elke Echt Recht-coördinator die de training heeft gevolgd krijgt een certificaat waarna hij de mogelijkheid heeft om een Echt Recht-gesprek te organiseren.

Een Echt Recht-coördinator die door de stichting Eigen Kracht-centrale is opgeleid, is in de eerste plaats procesbewaker met vooral een faciliterende rol. Dit betekent dat hij partijen – iedereen die door het gebeurde is geraakt – bij elkaar brengt in een daarvoor geschikte ruimte en er tijdens het gesprek voor zorgt dat alle aanwezigen de gelegenheid krijgen om hun kant van het verhaal te vertellen, dit alles aan de hand van een draaiboek. Deelnemers moeten zelf kunnen vertellen hoe zij het gebeuren hebben beleefd en welke gevolgen het voor hen heeft gehad. De deelnemers formuleren ook zelf een herstelplan. De Echt Recht-coördinator neemt geen beslissingen en oefent er ook geen invloed op uit, maar biedt deelnemers de gelegenheid om zich te uiten en hun eigen creatieve oplossingen te vinden. (Eigen Kracht – Centrum voor Herstelgericht Werken, 2005).

De Echt Recht-coördinator maakt voorafgaande aan het Echt Recht-gesprek een zitplan. Deelnemers worden in een cirkel gezet zonder belemmeringen van tafels, stoelen of andere objecten die het zicht op elkaar kunnen ontnemen. Het slachtoffer en degenen die met hem meegekomen zijn, nemen links van de Echt Recht-coördinator plaats, de dader en de deelnemers die met hem zijn meegekomen, zitten rechts van de Echt Recht-coördinator. In enkele gevallen, bijvoorbeeld bij grote groepsdelicten, kan er een tweede rij achter de dader en het slachtoffer worden geplaatst. Deze deelnemers zijn slechts toehoorders en hebben geen actieve rol tijdens het Echt Recht-gesprek. Derden, zoals een leerkracht van een school of een medewerker van bijvoorbeeld Bureau Jeugdzorg, worden in de cirkel tegenover de Echt Recht-coördinator geplaatst.

Echt Recht gaat uit van de kracht van de deelnemers, waarbij de sociale context van groot belang is. Door de mensen die er het meest toe doen eenvoudigweg bij elkaar te zetten, is er niet alleen draagvlak gecreëerd voor de oplossing die zij bedenken maar ook een grotere kans van slagen bij de uitvoering van het herstelplan. Maar hoe werkt het nu in de praktijk?

2.2.1 Is dit een zaak voor Echt Recht? Een voorbeeld uit de praktijk

> Het is donderdagmiddag wanneer een collega mijn kamer binnenloopt. Hij heeft zes Turkse jongens gesproken die bekennen dat ze betrokken zijn geweest bij de mishandeling van een Nederlandse jongen op een school in Deventer. Het is eind november 2004. Theo van Gogh is net vermoord en verschillende groeperingen in Nederland maken zich ernstige zorgen over het leef- en tolerantieklimaat in ons land. Na overleg met een tweede Echt Recht-coördinator besluiten we de zes daders te bezoeken.

De voorbereiding
Als eerste lezen we de proces-verbalen van de zes daders en kijken we naar het aandeel van de individuele jongens. Als uit het lezen van de proces-verbalen duidelijk wordt wie de hoofddader is, besluiten we hem als eerste te bezoeken en daarna de overige daders. Er worden telefonische afspraken gemaakt, en korte tijd later gaan we op weg om de daders en hun ouders te spreken over de mishandeling.

De eerste kennismaking
Onafhankelijk van elkaar zeggen alle zes de daders last te hebben van hun aandeel in de mishandeling. Toch zijn ze ook teleurgesteld in de opstelling van de school. Zowel de zes daders als het slachtoffer zijn door de school geschorst en naar een time-out-voorziening gestuurd. Een ander punt dat door de daders worden genoemd is de houding van het slachtoffer. Hij zou zich erg provocerend hebben

gedragen. Bij de voorgesprekken met de daders zijn ook de ouders van de Turkse jongens aanwezig, zodat hun mening ook is gehoord.

In het gesprek bij de eerste kennismaking ligt de nadruk op de mate van verantwoordelijkheid nemen door de dader(s). Een indicatie om te besluiten tot een Echt Recht-gesprek is dat de dader verantwoordelijkheid wil nemen en bereid is om een gesprek met het slachtoffer te voeren.

Het slachtoffer
Na het bezoek aan de daders volgt er een bezoek aan het slachtoffer en zijn ouders. Er wordt lang gesproken wat er op de dag van de mishandeling heeft plaatsgevonden. En net als de daders geven ook het slachtoffer en zijn ouders aan dat ze teleurgesteld zijn in de reactie van de school. De ouders zijn pas laat in de middag door de school op de hoogte gebracht van de mishandeling van hun zoon. En omdat de school de politie al had ingeschakeld, was er geen mogelijkheid meer om met de school in gesprek te gaan. De politie had 'de zaak' al overgenomen. Evenals de daders werd het slachtoffer geschorst en naar een time-out-voorziening gestuurd. Na het aanspannen van een kort geding tegen de beslissing van de school, keerde het slachtoffer na een kleine week bij een time-out-voorziening weer naar de school terug.

In het gesprek met het slachtoffer en zijn ouders wordt lang gepraat over het door de daders genoemde provocerende gedrag van het slachtoffer. En toeval of niet, enkele jaren geleden was het slachtoffer een kwetsbare en introverte jongen met ADHD-problematiek die door zijn ouders naar therapie werd gestuurd om hem wat weerbaarder te maken. Uit de gesprekken met het slachtoffer wordt ook duidelijk dat meerdere jongeren slachtoffer zijn geworden van de onrust op school en het daaruit voortvloeiende conflict/incident. De Echt Recht-coördinator besluit nog vier jongeren te benaderen. Ze zijn allemaal erg onder de indruk van de mishandeling en hebben nog veel last van de nasleep ervan. Sommigen voelen zich schuldig aan de mishandeling van de jongen omdat ze niet ingegrepen hebben, terwijl anderen zich nog dagelijks bedreigd voelen door de gespannen sfeer die op school is blijven hangen.

Belegging van het Echt Recht-gesprek
Na het spreken van de daders, het slachtoffer en het sociale netwerk is niet precies duidelijk wat de rol van de politie en de school is geweest. De politie weigert enig commentaar en is niet bereid deel te nemen aan een Echt Recht-gesprek. De school is daarentegen verlegen met de situatie en wil door deelname aan een Echt Recht-gesprek enige opheldering geven. De vertrouwenspersoon die alle jongens kent zal bij het Echt Recht-gesprek aanschuiven. Ook met hem vindt een voorbereidend gesprek plaats.

Wanneer met alle betrokkenen is gesproken, besluiten we een Echt Recht-gesprek te beleggen. Binnen afzienbare tijd wordt er in Deventer een geschikte locatie gevonden in een zaaltje in een wijkcentrum. Als Echt Recht-coördinatoren hebben we helder voor ogen wat er zich die middag heeft afgespeeld en in onze afwegingen speelt voortdurend de vraag: nemen de daders hun verantwoordelijkheid en zal het slachtoffer niet opnieuw slachtoffer worden?

Om niet voor verrassingen komen te staan worden alle deelnemers aan het Echt Recht-gesprek schriftelijk uitgenodigd. Om ongemakkelijke situaties te voorkomen, zullen we ervoor zorgen dat de slachtoffers tien minuten eerder arriveren dan de daders. Het initiatief om de ander aan te spreken en hem wel of niet een hand te geven komt op die manier bij de dader te liggen. In samenspraak met de deelnemers wordt er een zitplan gemaakt waarbij elke deelnemer op een vaste plek kan plaatsnemen. De hoofddader zit dan vooraan, het slachtoffer zit tussen zijn ouders in zodat hij van twee kanten steun kan verwachten. De plek van de vertrouwenspersoon is tegenover de Echt Recht-coördinator.

Enkele weken later vindt het Echt Recht-gesprek plaats met vierentwintig actieve deelnemers, van wie er vijf dader zijn. (Een dader kwam niet opdagen.)

2.2.2 Het Echt Recht-gesprek

Een Echt Recht-gesprek bestaat uit vier fasen. Tijdens de eerste fase, de introductie, noemt de coördinator de reden waarom iedereen bij elkaar is. Het doel wordt uitgelegd en de deelnemers worden aan elkaar voorgesteld. Na de introductie volgt de tweede fase waarin ervaringen, gevoelens en gedachten over wat er is gebeurd worden uitgewisseld. Volgens een vast patroon volgt de Echt Recht-coördinator zijn draaiboek. In de derde fase wordt er gewerkt aan herstel. Afspraken die tussen beide partijen worden gemaakt, komen op papier te staan in een zogenaamd herstelplan. Nadat het Echt Recht-gesprek is afgesloten volgt er een laatste informele vierde fase waarin de dader en het slachtoffer en de mensen die zijn meegekomen, zich met elkaar kunnen herenigen. Na het voeren van het Echt Recht-gesprek mag verondersteld worden dat gevoelens en verwachtingen zijn uitgesproken en zijn de deelnemers doorgaans opgelucht over de goede afloop van het Echt Recht-gesprek. Deze vierde fase wordt ook wel de herintegratiefase genoemd.

Voor een goed verloop van het Echt Recht-gesprek is het draaiboek een belangrijk instrument. Alle deelnemers krijgen volgens een vast patroon en structuur verschillende vragen voorgelegd.

De introductie

Wanneer alle deelnemers op hun plek zitten, wordt er snel gestart. De Echt Recht-coördinator introduceert elke deelnemer en legt de spelregels uit. Elk van de aanwezigen neemt vrijwillig deel aan het Echt Recht-gesprek. De deelnemers praten niet voor hun beurt, ze respecteren elkaars bevindingen en laten de ander uitpraten. De slachtoffers mogen niet opnieuw slachtoffer worden en de daders zijn niet gekomen om te worden beoordeeld als goede of slechte personen. Tijdens de introductie blijkt dat de zesde dader niet is komen opdagen. Later blijkt dat hij van huis is weggelopen.

Het draaiboek

- Er is sprake van een vast zitplan.
- Deelnemers zitten tegenover elkaar in een cirkel.
- De dader is als eerste aan het woord, gevolgd door het slachtoffer en zijn netwerk.
- Als laatste komt het netwerk van de dader aan het woord.

- De vragen aan de dader: Wat is er gebeurd?
  Wat dacht je toen het gebeurde?
  Hoe heb je er sindsdien over nagedacht?
  Wie zijn er door jouw daad benadeeld en op welke manier?
  Wat denk je dat je moet doen om het weer goed te maken?

- De vragen aan het slachtoffer: Wil je vertellen wat er is gebeurd?
  Wat was je reactie toen het gebeurde?
  Welke gevolgen heeft het voor je gehad?
  Wat is voor jou het moeilijkste geweest?
  Wat is voor jou de kern van de zaak?
  Wat denk je dat er moet gebeuren om het weer goed te maken?

- De vragen aan het netwerk: Wat dacht je toen je over het voorval hoorde?
  Hoe voel je je daarover?
  Wat is voor jou het moeilijkste geweest?
  Wat is voor jou het belangrijkste?
  Wat denk je dat er moet gebeuren?

- Dader en slachtoffer maken afspraken met elkaar waarbij de volgende vragen worden gesteld:
  Is er iets wat je nu zou willen zeggen?
  Hoe wil je dat dit gesprek afloopt?
  Wat zou je als uitkomst van dit gesprek willen zien?

- De afspraken worden in een herstelplan vastgelegd.

Uitwisseling van ervaringen, gevoelens en gedachten

Deze fase duurt het langst en is voor de meeste deelnemers erg spannend. Aan de hand van de vragen uit het draaiboek krijgen eerst de daders de vragen voorgelegd, daarna het slachtoffer en tot slot de leden van het sociale netwerk van zowel de daders als het slachtoffer.

Het verhaal van de daders

Wat is er gebeurd? Tijdens een tussenuur van de school gaan drie Turkse jongens in een nabijgelegen winkelcentrum een broodje eten. In het winkelcentrum lopen ze enkele Nederlandse jongens en meisjes van dezelfde school tegen het lijf. Zonder directe aanleiding dagen de jongeren elkaar uit en wordt er over en weer gescholden, maar na een tijdje gaan ze ook weer uit elkaar. Tijdens de middagpauze van de school komen beide groepjes elkaar weer tegen. Eerst wordt er nog gepraat, maar na een korte woordenwisseling slaat de vlam in de pan en wordt er een Nederlandse jongen door een Turkse jongen van een muurtje getrokken en tot bloedens toe geslagen. Plotseling verschijnt er een grote groep jongeren die zich met de vechtersbazen gaat bemoeien. Over en weer vallen rake klappen. Leraren rennen naar buiten, treffen een dreigende sfeer aan en worden geconfronteerd met schreeuwende jongeren.

Het verhaal van de slachtoffers

Wat is er gebeurd? Het belangrijkste slachtoffer komt moeilijk uit zijn woorden. Hortend en stotend vertelt hij wat er is gebeurd. Tijdens het tussenuur heeft hij enkele opmerkingen gemaakt naar drie Turkse jongens. Later die middag wanneer hij op een muurtje zit, wordt hij plotseling van het muurtje geduwd en krijgt hij een paar vuistslagen in zijn gezicht. Wat er verder is gebeurd weet hij niet meer. Wat hij zich nog herinnert zijn het lawaai en de grote groep mensen om hem heen.

De vier andere slachtoffers voelen zich vooral schuldig omdat ze niet hebben ingegrepen toen ze daar de gelegenheid voor hadden. Daarnaast vertellen ze lange tijd last te hebben gehad van de gespannen sfeer op het schoolplein.

Het verhaal van de leden van het sociale netwerk

Als eerste komen de ouders van het belangrijkste slachtoffer aan het woord. De vader maakt een vergelijking met een slapstick uit de jaren dertig waarin de hoofdrolspeler struikelt en hij een taart uit zijn handen laat vliegen in het gezicht van zijn tegenspeler, die op zijn beurt een taart van de tafel grist en deze teruggooit. Binnen een mum van tijd is het beeld gevuld met rondvliegende taarten en gooiende mensen die plotseling overal vandaan lijken te komen. Zo is het volgens de vader ook bij de mishandeling gegaan. Plotseling stond daar een grote groep jongeren tegenover elkaar.

Op de vraag wat het moeilijkste is geweest, vertellen de ouders ontevreden te zijn over het optreden van de school en de politie. Te laat heeft de school contact met de ouders opgenomen, en de ouders kunnen zich niet vinden in de schorsing van hun zoon en de plaatsing bij een time-out-voorziening.

De meegekomen ouders van de daders keuren stuk voor stuk het gedrag van hun kind af. Toch voelen ze zich gestigmatiseerd door de school die de mishandeling heeft aangegrepen om de ontstane onrust in Nederland en op school te belichten. Dat leidde tot veel onvrede, een racistische sfeer, negatieve media-aandacht en een forse studieachterstand voor iedereen.

De reactie van de school
Sinds de moord op Theo van Gogh is de spanning tussen autochtone en allochtone leerlingen om te snijden geweest. De school weet zich onvoldoende raad met de situatie en wanneer beide groepen tegenover elkaar staan en de Nederlandse jongen hard wordt geslagen, grijpt de school in. Zes vechtersbazen en het slachtoffer worden naar binnen gebracht en apart gezet. De politie wordt ingeschakeld en verschillende jongeren worden meegenomen naar het bureau. De schoolleiding probeert zo goed en zo kwaad als dat gaat de achterblijvende jongeren op het schoolplein en later in de klassen te woord te staan en de gemoederen te sussen. Dit is de reden dat de ouders van de direct betrokken leerlingen pas laat in de middag door de school worden geïnformeerd. Met de omvang van de mishandeling en de dreigende sfeer die blijft hangen, weet de school zich onvoldoende raad. Er ontstaat veel onduidelijkheid voor de daders en het slachtoffer, en terugkeer naar school staat voor alle betrokkenen ter discussie. De schoolleiding besluit de leerlingen te schorsen en op verschillende time-out-voorzieningen te plaatsen. De schoolleiding voelt zich verlegen met het door de ouders van het slachtoffer aangespannen kort geding.

De geleden schade herstellen
Tijdens het Echt Recht-gesprek nemen zowel de daders als het slachtoffer verantwoordelijkheid voor hun gedrag. Over en weer worden er excuses aangeboden en misverstanden uit de weg geruimd. Het hardnekkigste misverstand, dat er sprake zou zijn van racisme, wordt door beide partijen heftig ontkend. Discriminatie en racisme lagen niet aan de mishandeling ten grondslag. Vooral de politie en de school hebben deze lading aan de mishandeling gegeven. Leerlingen voelden zich hierdoor bedreigd en onveilig. Tijdens het Echt Recht-gesprek zijn deze gevoelens besproken, verduidelijkt en uit de wereld geholpen. Uiteindelijk concluderen alle deelnemers aan het Echt Recht-gesprek dat de mishandeling alleen maar verliezers heeft opgeleverd.

> **Het herstelplan**
>
> Op 25 november 2004 heeft er een Echt Recht-gesprek plaatsgevonden naar aanleiding van een grote vechtpartij op school. Tijdens de derde fase van het Echt Recht-gesprek is er gesproken over het herstellen van de geleden schade en zijn er afspraken gemaakt en intenties uitgesproken.
> - groeten wanneer je elkaar tegenkomt
> - niet meer met politie en justitie in aanraking komen
> - niet blijven staan kijken bij incidenten, maar weglopen
> - vrienden spreken elkaar aan wanneer een conflictsituatie dreigt te ontstaan
> - de schade aan de kleding van het slachtoffer wordt vergoed
> - het bedrag van 50 euro staat voor 31 december 2004 op rekening van het slachtoffer, rekeningnummer 12873465
> - er wordt een artikel geschreven voor in de schoolkrant over de vechtpartij, de nasleep en het Echt Recht-gesprek
> - het artikel wordt geschreven door Ahmed en geplaatst in de schoolkrant van december
>
> Alle deelnemers gaan akkoord met de gemaakte afspraken en intenties en het herstelplan wordt voorzien van een handtekening van de deelnemers.

2.2.3 Afsluiting van de bijeenkomst

Na een Echt Recht-gesprek van vier uur wordt de bijeenkomst afgesloten en schudden alle deelnemers elkaar zonder wrok de hand. De afspraken die tijdens de derde fase van het Echt Recht-gesprek zijn gemaakt worden in een herstelplan op papier gezet en door alle deelnemers ondertekend.

De school is tevreden over de afloop van de zaak en overweegt een volgende keer in een eerder stadium een Echt Recht-coördinator in te schakelen.

2.3 Ontwikkeling en vaardigheden van de Echt Recht-coördinator

Het mag duidelijk zijn dat sinds de invoering van Echt Recht-gesprekken in Nederland in 2000 organisaties en instellingen, die met het Echt Recht-model werken, niet hebben stilgezeten. Regelmatig hebben er Echt Recht-gesprekken plaatsgevonden en is er geëxperimenteerd met het Echt Recht-model. Ook is duidelijk geworden dat het voorbereiden en begeleiden van een Echt Recht-gesprek de nodige vaardigheden vereist.

2.3.1 De kracht van een Echt Recht-gesprek
Het succes van een Echt Recht-gesprek ligt vooral in de sociale interactie tussen de dader(s) en het slachtoffer, waarbij het vooral draait om goedmaken wat nog

goed te maken valt. Een dader die aan een Echt Recht-gesprek deelneemt wordt stevig met zijn wangedrag geconfronteerd. De verwachting is dat hij meer inzicht krijgt in zijn eigen handelen en in de mate waarin hij voor zijn daden verantwoordelijkheid neemt. De dader krijgt de gelegenheid om zijn fout enigszins te herstellen terwijl het slachtoffer, evenals het sociale netwerk, de gelegenheid krijgt om uiting te geven aan zijn gevoelens. Het voornaamste effect voor een slachtoffer is dat hij zich na een Echt Recht-gesprek weer veilig voelt op straat, in huis, op school en/of op het werk. Hij kan het slachtofferschap afleggen en hoeft niet meer bang te zijn voor de dader(s).

2.3.2 Verfijning van het Echt Recht-model

In de werksituatie die ik goed ken, Kinderbescherming in Zwolle, levert het strikt vasthouden aan het draaiboek in sommige situaties moeilijkheden op. Belangrijke uitspraken die tijdens de voorgesprekken zijn gedaan worden niet altijd tijdens een Echt Recht-gesprek door de betreffende deelnemer(s) herhaald. Het komt ook voor dat sommige deelnemers de vraagstelling te ingewikkeld vinden en niet begrijpen wat er wordt gezegd. Verschillende Echt Recht-coördinatoren zijn daarom gaan experimenten en hebben het Echt Recht-model verfijnd zodat het beter aansluit bij de belevingswereld van het slachtoffer en de dader. In enkele gevallen is de Echt Recht-coördinator gesprekspartner geworden. Strikt genomen wordt in dat geval afgeweken van het Echt Recht-model zoals dat door de stichting Eigen Kracht-centrale is voorgeschreven.

2.3.3 Vaardigheden van de Echt Recht-coördinator

Een Echt Recht-coördinator zal goed moeten kunnen analyseren. Bij een nieuwe zaak start de Echt Recht-coördinator met het analyseren van het proces-verbaal dat hij onder ogen krijgt, zoals in het voorbeeld met de ruzie tussen Turkse en Nederlandse jongeren. In veel processen-verbaal is alleen het delict beschreven en ontbreekt een procesbeschrijving. Ook zal de Echt Recht-coördinator tijdens het verloop constant blijven analyseren of de inzet van een Echt Recht-gesprek de beste keuze is. Verder is het van belang dat de Echt Recht-coördinator continu afweegt of een slachtoffer niet opnieuw slachtoffer zal worden, en dat hij zich afvraagt of de dader in elk geval een minimale verantwoordelijkheid zal nemen voor zijn daad.

Een Echt Recht-coördinator handelt met een strategie. Het is daarbij van belang dat hij de juiste stappen zet in het Echt Recht-verloop. Te denken valt aan de volgorde van het benaderen van potentiële deelnemers. In veruit de meeste gevallen wordt de dader als eerste benaderd en pas daarna het slachtoffer. Op deze manier weet de Echt Recht-coördinator vrijwel zeker met welke dader hij te maken heeft en met welke motivatie een dader een Echt Recht-gesprek wil aangaan.

Een Echt Recht-coördinator is oprecht en eerlijk en maakt het niet mooier dan het is. Als blijkt dat een dader moeilijk uit zijn woorden komt, kun je niet verwachten dat hij tijdens een Echt Recht-gesprek honderduit zal gaan vertellen. Beter is het om het slachtoffer hierop voor te bereiden door hem te vertellen om wat voor dader het gaat. De Echt Recht-coördinator brengt nieuwe informatie die hij uit de voorgesprekken heeft verkregen dus zo snel mogelijk over aan de overige deelnemers.

Een Echt Recht-coördinator moet goed kunnen omgaan met emoties. Als een Echt Recht-coördinator een slachtoffer confronteert met de dader, gaat dat vaak met heftige emoties gepaard. De Echt Recht-coördinator zal hierop in moeten spelen. Al in de voorbereidingsgesprekken zal hier aandacht voor moeten zijn. Een van de mogelijkheden is dat de Echt Recht-coördinator aan het slachtoffer vraagt hoe hij denkt te reageren wanneer hij de dader ontmoet.

Een Echt Recht-coördinator durft beslissingen te nemen. Een Echt Recht-coördinator is de procesbewaker. Hij neemt de beslissing om een Echt Recht-gesprek door te laten gaan. Daarbij zal hij moeten kunnen ingrijpen wanneer het Echt Recht-gesprek verkeerd dreigt te verlopen.

Het mag duidelijk zijn: een goede voorbereiding is essentieel voor een goed verloop van een Echt Recht-gesprek. Een Echt Recht-coördinator moet dus voldoende tijd nemen om vooraf met alle deelnemers te spreken. Verder zorgt hij voor een geschikte locatie en nodigt hij de deelnemers op tijd uit. Een goede voorbereiding is een generale repetitie voor het daadwerkelijke Echt Recht-gesprek. In vrijwel alle gevallen maakt de Echt Recht-coördinator vooraf een inschatting van de manier waarop het gesprek zal verlopen.

Reflectievragen

1 Wat is de relatie tussen Echt Recht-gesprekken en Eigen Kracht-conferenties?
2 In hoeverre is het relevant om te weten dat deze conferentie plaatsvond in de periode dat Theo van Gogh net vermoord was?
3 Waarom zou de coördinator van een Echt Recht-conferentie eerst de dader bezoeken en niet eerst het slachtoffer?
4 Wat zou er voor de dader(s), het slachtoffer en hun familie en vrienden anders zijn gegaan als er geen Echt Recht-conferentie had plaatsgevonden?
5 Kan elke dader meedoen aan een Echt Recht-gesprek? Ook wanneer hij zich niet verantwoordelijk voelt? Waarom wel/niet?
6 Wat maakt meer indruk, een taak- of werkstraf of een directe confrontatie met het slachtoffer en waarom?

3 Presentie

Aansluiten bij de leefwereld van kwetsbare mensen

door Anja Hacquebord

*Anja Hacquebord werkt sinds 2005 in het Catharijnehuis. Daarvoor was ze docente. Ze heeft zich in studie en werk toegelegd op een effectieve werkwijze die uitgaat van de menselijke eigenheid van de dakloze. Anja Hacquebord heeft zich verdiept in de presentiebenadering en is medeverantwoordelijk voor de uitwerking daarvan in de praktijk. Ze heeft meegewerkt aan een aantal publicaties van het Catharijnehuis (*Lastige Portretten*) en van de Hogeschool Utrecht over betekenisgericht werken.*

3.1 Inleiding: wat is de kern van presentie?

De kern van presentie kan in één woord worden omschreven: aandachtigheid (Schriever, 2007). Het gaat om het denken van de professional áán de cliënt, en niet zozeer óver de cliënt. Het gaat om het denken aan iemand, en om het feit dat die aandacht niet allereerst in beslag genomen wordt door methodiek, theorie of beleidsplan.

Dit soort aandachtigheid is kenmerkend voor presentie. Maar presentie is meer dan dat. Presentie is ook: mét die aandachtigheid een betrekking met de ander aangaan, naar de ander toegaan en zijn of haar tempo volgen.

Andries Baart heeft de presentiebenadering grondig uitgewerkt (Baart, 2001). Hij benadrukt het belang van aandacht: 'aandacht biedt de kiem van de relatie, en daaruit zal een mens opstaan' (Baart, 2006).

Als werker in het Catharijnehuis, een inloophuis en dagopvang voor thuis- en daklozen, kom ik mensen tegen die aan de onderkant van de samenleving leven en vaak gezien worden als veroorzakers van overlast, als profiteurs van ons sociale stelsel of als zielige mensen die beter in een instelling kunnen worden opgesloten. Over het algemeen lijken het mensen van weinig betekenis voor de maatschappij, en vaak genoeg ook voor hun eigen familie. Omdat er bij ons gewerkt wordt vanuit de presentiebenadering, wordt er allereerst moeite gedaan om de mens te leren kennen, bij de persoon in kwestie betrokken te raken en van daaruit te leren zien wat iemand wil of nodig heeft (Mol & Neutel, 2005, p.72 e.v.).

Presentie gaat over de werkhouding; het uitgangspunt van de werker ten opzichte van de cliënt. Het gaat over aandacht hebben in de zin van de ander zien, een gevoel van betrokkenheid hebben bij de persoonlijke situatie van een cliënt. Baart noemt dit 'vanuit een er-zijn-met komen tot een er-zijn-voor' (Baart, 2001, p. 732).

Presentie gaat vooral over 'zorgen dat je erbij bent' en erbij blijft. Ook als problemen niet kunnen worden opgelost, is het nodig dat je het 'uithoudt' met de ander die zich aan de rand van de samenleving bevindt. Dit laatste gaat vaak in tegen de mogelijkheden van de hulpverleners. Als zij de cliënt niet verder kunnen helpen, dan verwijzen ze hem door naar een ander; in elk geval stopt meestal hun contact met de cliënt.

De tegenhanger van presentie is niet zozeer absentie maar doorgeschoten interventionisme.

Interventie is tegenwoordig de organisatorische grondvorm van vrijwel alle hulp, dienstverlening en zorg in onze samenleving. Kenmerkend voor een interventie is dat deze planmatig, berekenend, methodisch, efficiënt, doelgericht en probleemoplossend van aard is. Soms pakt deze benadering negatief uit voor de cliënt. Hoewel goedbedoeld, kunnen voorbedachte vormen van probleemoplossing aan de kant van de cliënt ervaren worden als verlating en verwaarlozing als hulpverleners er niet zijn op de manier waarop de cliënt dat zou wensen. Interventie kan dus leiden tot een vorm van absentie maar heeft dan een veel subtielere en complexere gedaante (zie ook Van Heijst, 2005).

Hoewel er voor kansarmen – *the least, last, lost and latest*, zoals Gandhi ze noemt – in onze samenleving van alles en nog wat heet te zijn, is dit 'interventionistisch georganiseerde aanbod' vaak moeilijk toegankelijk en voelt dit aanbod hol en leeg voor wie teruggeworpen is op zichzelf.

Denk maar aan iemand die net uit de gevangenis komt; zonder huis en zonder uitkering. Om zijn leven weer op te bouwen moet hij naar verschillende loketten. Er is vaak geen goede overdracht vanuit de gevangenis naar de instanties daarbuiten. Die man of vrouw komt in de daklozenopvang terecht als hij of zij geen familie of vrienden heeft. En waar moet je dan beginnen? Bij de sociale dienst? Bij de woningbouwvereniging? Alleen al een bankrekening openen geeft in deze omstandigheden veel moeilijkheden. Dit zijn 'alleen' nog maar de directe praktische problemen, nog los van wat de persoon in kwestie aan vooroordelen te wachten staat als mensen weten dat hij een ex-bajesklant is. (Voor verhalen van daklozen, zie onder andere De Haas e.a. 2008.)

Presentie vraagt iets van de werker. Behalve de 'normale' vakkennis is er een bepaalde intuïtieve gevoeligheid nodig om aan te voelen waar het nu echt op aan komt in een bepaalde situatie. Er is praktische wijsheid nodig, en trouw. Verder is er moed nodig, moed om ongebaande paden te kiezen, om het uit te houden waar anderen weg zouden gaan, en ook om je mond open te doen waar dat dringend gewenst is.

In dit hoofdstuk staat de presentiebenadering centraal. Eerst beschrijf ik waar de presentiebenadering vandaan komt en wat de visie en uitgangspunten zijn. Vervolgens komt de presentiebenadering zelf inhoudelijk aan de orde, zowel voor de werker als voor de cliënt. Ten slotte passeren enige misvattingen de revue en beschrijf ik waarom het lastig (maar ook een uitdaging) is om de presentiebenadering in de praktijk handen en voeten te geven.

3.2 Hoe is de presentiebenadering ontstaan?

De presentiebenadering is ontwikkeld in de praktijk. Al in een groot deel van de twintigste eeuw hebben voornamelijk buurtpastores en arbeidspastores een werkhouding ontwikkeld die men later een 'presentiebenadering' is gaan noemen. Buurtpastores waren kerkelijk welzijnswerkers, verbonden aan een buurt en beschikbaar voor buurtbewoners die al dan niet lid waren van een kerkgemeenschap. Arbeidspastores waren kerkelijke welzijnswerkers, verbonden aan bijvoorbeeld een industriële werkgever, zoals de hoogovens in IJmuiden of de havens in Rotterdam.

Theologiestudenten, vaak uit een ander milieu dan arbeiders, moesten soms maandenlang bij arbeidersgezinnen wonen en met hen meewerken, bijvoorbeeld door in de havens scheepsruimen schoon te maken. Dit was een onderdeel van hun training tot arbeidspastor, om zo een beeld te krijgen van wie die arbeiders waren en wat ze meemaakten. Op die manier konden ze vervolgens beter aansluiten bij de leefwereld van de mensen voor wie ze werkten als pastor.

Kernwoorden van deze benadering zijn ontmoeting, aandacht en dialoog. Het is een erkennen dat de ander ertoe doet en niemand de mindere is. Dat laatste, minder waard zijn, is over het algemeen een diepgewortelde ervaring van veel mensen in de marge van onze samenleving.

In de jaren negentig van de vorige eeuw heeft Andries Baart, hoogleraar aan de Katholieke Theologische Universiteit van Utrecht (nu werkzaam aan de Universiteit van Tilburg) zeven jaar lang intensief onderzoek gedaan in en met het veld waar kerkelijk werkers volgens een presentieachtige benadering gingen werken. Hij deed dit onderzoek in Utrecht, maar ook op andere plekken. De werkers stelden zich beschikbaar voor een buurt. De meeste buurten waar het om ging zijn gelegen in achterstandswijken, door oud-minister Vogelaar ook wel krachtwijken genoemd. Er waren en zijn veel problemen zoals armoede, werkloosheid, ziekte, schuld- en verslavingsproblematiek, en spanningen tussen buurtbewoners. Veel wijken zijn toe aan herstructurering. De presentiewerkers begaven zich op straat, maakten kennis met buurtgenoten en raakten bij hen betrokken. Elke werker bleek zijn eigen manier van werken te ontwikkelen. Zo was de een sterk betrokken bij kinderen en maakte vandaar uit kennis met de ouders; een ander richtte buurtcomités op zodra hij mensen vond die zelf iets in de buurt wilden doen, waarna hij ze ook zelf ondersteunde. De werkwijze van deze buurtpastores week (en wijkt) nogal af van wat gangbaar is, zowel in het pastoraat als in het welzijnswerk en in de zorg, vooral doordat deze pastores radicaal meeleven met de zwakste buurtbewoners. Baart publiceerde zijn bevindingen en de op basis hiervan uitgewerkte *theorie van de presentie* in 2001. Vervolgens is dit gedachtegoed wijdverspreid binnen het kerkelijke en pastorale werk en allerlei takken van zorg en welzijn. Vele werkers binnen de thuiszorg, het buurtwerk, de psychiatrie herkennen zich in de presentiebenadering en zien eindelijk hun manier van werken verwoord, of essentiële waarden die zij voor hun beroepsuitoefening van belang vinden. Na het uitkomen van het boek is presentie een begrip geworden in de maatschappelijke opvang, de geestelijke gezondheidszorg en verpleging en verzorging (zie o.a. Baart & Grypdonck, 2008).

Een voorbeeld is het verhaal van Kasper van den Berg, een werker in de psychiatrie, waarin hij vertelt over de enorme verbeteringen op zijn afdeling voor langdurig verblijf sinds men daar meer met de presentiebenadering werkt (Van den Berg, 2006).

> De cliënten behoren tot de moeilijkste populatie van de instelling, meest jonge mannen, allemaal met een dubbele diagnose: een psychiatrische stoornis mét een drugs- en/of alcoholverslaving, persoonlijkheidsproblematiek en gedragsproblematiek, en vaak ook een pittig justitieel verleden. Nadat Van den Berg zelf twee 'bijzondere' kinderen kreeg, beiden met een handicap, ging de gangbare manier van omgaan met patiënten op psychiatrische afdelingen hem steeds meer tegenstaan. Hij wilde zo niet meer werken, en het roer omgooien. In de presentiemethode en in de humanistische benaderwijze vond hij aanknopingspunten. Hij had het geluk dat hij medestanders vond op de afdeling. Ook collega's wilden op een andere manier gaan werken, meer persoonlijk en minder groeps- en beheersgericht. Deze groep werkers begon steeds meer het veranderde behandelklimaat te bepalen. De directie van de kliniek was (en is) enthousiast over de nieuwe, succesvolle aanpak van cliënten. Na een proefperiode van anderhalf jaar bleek dat het nauwelijks meer tot crisissituaties is gekomen, en er hoeft nagenoeg niet meer te worden gesepareerd. De opdracht is nu om deze aanpak over te gaan dragen naar andere afdelingen binnen de langdurige intensieve zorg.

Op grote schaal wordt de betekenis van presentie herkend en erkend. Steeds meer professionals, maar ook vrijwilligers, werken vanuit de presentiebenadering. In elke situatie is de toepassing verschillend, omdat zij moet aansluiten bij het specifieke karakter van de setting. Maar de basis is overal dezelfde.

3.3 De mensvisie achter de presentiebenadering

Op de website van de Stichting Presentie (www.presentie.nl) wordt de presentiebenadering als volgt omschreven.

> Presentiebeoefening is een praktijk waarbij de zorggever zich aandachtig en toegewijd op de ander betrekt en zo leert zien wat er bij die ander op het spel staat, van verlangens tot angst. In die aansluiting bij die ander gaat de zorggever begrijpen wat er in de desbetreffende situatie gedaan zou kunnen worden en wie hij/zij daarbij voor de ander kan zijn. Wat gedaan kan worden wordt dan ook gedaan. Een manier van doen die door gevoel voor subtiliteit en vakmanschap gekenmerkt wordt, met praktische wijsheid en liefdevolle trouw.

Aan de ene kant klinkt dit simpel, maar in de praktijk is het een ongebruikelijke manier van doen in de hulpverlening.

De presentiebenadering is in de eerste plaats een grondhouding. In de presentie staat de mens voorop, niet de kwaal of het probleem.

Deze grondhouding is gebaseerd op de volgende mensvisie.
- Ieder mens heeft recht op een normaal leven.
- Ieder mens dient te worden bijgestaan in zijn zoektocht naar een normaal leven.
- Ieder mens is waardevol – ook de lastige, ingewikkelde, beschadigde, gehandicapte of criminele mens.
- Ieder mens is veelal in staat de voor hem of haar goede keuzes te maken.

Baart zelf schrijft in de inleiding van zijn boek: 'Dit boek gaat over iets simpels. Op sommige plaatsen in Nederland blijven zorgverleners, hulpverleners en pastores mensen uit de rafelrand van onze maatschappij nabij met aandacht en liefde, zonder grootse verbeterplannen, zonder poeha. Voor deze mensen blijkt dat dikwijls een weldaad' (Baart, 2001, p. 11).

De presentiebenadering is betrokken op een menselijk verlangen naar begrip, respect, erkenning en ontplooiing. Deze woorden worden wel eens samengevat met 'het goede' of de 'onopgeefbare wil het beste van iemands mogelijkheden waar te laten worden' (Baart, 2006).

3.4 De presentiebenadering in de praktijk: het Catharijnehuis

Hoe de hiervoor beschreven visie in de praktijk werkt, wil ik illustreren aan de hand van de werkwijze van het Catharijnehuis, een voorziening voor daklozenopvang in Utrecht.

De presentiebenadering sluit aan op de visie op zorg en opvang van het Catharijnehuis. Kernwaarden in de opvang zijn laagdrempeligheid, acceptatie, en een persoonsgerichte benadering van de zorgvrager. Het Catharijnehuis is een materiële en immateriële basisvoorziening voor thuis- en daklozen. Materieel staat voor het bieden van faciliteiten op het gebied van verblijf en zorgverlening, zoals douchegelegenheid, kledingruil en maaltijdvoorziening.

Maar alleen faciliteiten bieden is onvoldoende. Het Catharijnehuis ziet zichzelf als meer dan louter een voorziening voor 'stoel, bad en brood'. Het gaat in het bijzonder om de kwaliteit van het contact. Dagopvang staat dan niet sec voor 'verblijfsplek', maar vooral voor 'contactplek'.

Deze kwalitatieve component is van essentieel belang; dit bepaalt of bezoekers zich welkom en op hun gemak voelen. Bij het immateriële gaat het om aspecten als aandacht, de wijze van bejegening en de huiskamersfeer. In een open, informele huiskamersfeer weet de bezoeker zich geaccepteerd met al zijn onvolkomenheden, en omdat er weinig drempels zijn, maken bezoekers gemakkelijk gebruik van de diensten. Bij het aanbod van diensten gaat het steeds opnieuw om het antwoord op de vraag: 'Wat is goede zorg'?

In het kader van presentie wordt goede zorg gezien als:
- relevant en dus afgestemd op zorgbehoefte;
- met een methodiek die bij de zorgvrager past;
- aansluitend bij wat de zorgvrager concreet nodig heeft;
- gericht op begrip van wat er eigenlijk wordt gevraagd;
- deels kritisch, zodat de systeemdwang ('zo gaat het nu eenmaal bij het aanvragen van een uitkering') niet het laatste woord heeft.

Het is aan de professional om in betrokkenheid op de cliënt (samen met de cliënt) uit te zoeken wat bovenstaande punten betekenen in een bepaalde situatie.

3.4.1 De relatie staat centraal

De presentiebenadering concentreert zich op de betrekking, de relatie tussen cliënt en hulpverlener (Baart, 2001, p. 735 e.v.). Het creëren van een relatie is essentieel. De al genoemde begrippen 'aandachtig' en 'toegewijd' horen daarbij. Dat begint al bij een eerste kennismaking. Als voorbeeld noem ik het intakegesprek. In een eerste gesprek is het belangrijk dat de cliënt zich op zijn gemak gesteld weet en begrepen voelt. Een intake moet niet alleen gericht zijn op de vraag: 'Past deze cliënt hier of niet?' Soms wordt dan aan de ware problematiek voorbijgegaan. Het loont de moeite om zo open mogelijk het eerste gesprek aan te gaan en in te gaan op wat voor de cliënt belangrijk is, welke betekenis hij hecht aan de geboden opvang. De relatie staat dus voorop, en het probleemoplossende handelen wordt, indien mogelijk, opgeschort. Vaak zijn er zoveel problemen in één cliënt samengebald – bijvoorbeeld dakloosheid, schulden, relatieproblemen en een psychiatrische stoornis – dat het niet eens mogelijk is om in één gesprek te achterhalen waar te beginnen en hoe. Heel vaak hebben cliënten aan de rafelrand van de maatschappij, waar we het toch voornamelijk over hebben als het gaat om waar presentie het meest nodig is, veel teleurstellingen in de hulpverlening achter de rug. Pas in een langer durend contact kan vertrouwen worden opgebouwd en kan samen met de betrokkene aan de problemen gewerkt worden.

3.4.2 Beweging naar de cliënt
De basisbeweging van de professional is naar de ander toe in plaats van omgekeerd 'u moet naar mij toe komen'. De beweging kan letterlijk zijn, bijvoorbeeld in het werk van buurtwerkers die vooral op straat te vinden zijn. Maar ook binnen instellingen of vanuit grote organisaties kan er vanuit de 'presentie' worden gewerkt. De groei van outreachend werken laat zien dat steeds meer organisaties dit aspect onderkennen. Maatschappelijk werkers die bij 'lastige' cliënten thuis gaan kijken, begrijpen beter waarom het zo moeilijk is om de betreffende cliënt te begeleiden.

> Toen maatschappelijk werkers thuis gingen kijken bij een zigeunervrouw van wie de schulden onoplosbaar leken, zagen zij in wat voor buurt zij woonden en welke chaos het thuis was, de papieren van de hele familie lagen door elkaar. Zij kregen niet alleen meer inzicht in het leven van de vrouw, ook kregen ze zo de kans door de vrouw ontvangen te worden in haar eigen huis. De rollen waren een klein beetje omgedraaid, de vrouw ging koffiezetten in plaats van dat de maatschappelijk werkers een kopje uit de automaat haalden. Zo ontstond er langzamaan vertrouwen waardoor de hulp veel beter aansloot; er ontstond – op bescheiden schaal – wederkerigheid. De schulden konden eindelijk in kaart worden gebracht. Uiteindelijk bleek het voor de werkers ook minder tijd te kosten. De vrouw stond niet meer elk spreekuur op de stoep van het maatschappelijk werk.

In de omschrijving van presentie aan het begin van dit hoofdstuk, wordt gesproken van 'wat er voor de ander op het spel staat', en niet van een directe hulpvraag of een nood. Aan de ene kant verwijst deze zin naar de logica van iemands leven die het kerndoel van hulpverlening zou kunnen zijn; het gaat om vragen naar dat wat zin heeft, dat wat past, dat wat bijdraagt aan ervaren geluk. De antwoorden op deze vragen kunnen alleen tevoorschijn komen als er ruimte kan worden geboden en er geen grote beperkingen zijn van buitenaf. Beperkingen kunnen bijvoorbeeld zijn: een verplichte werkwijze, een politieke eis, of de eisen die een subsidieprogramma stelt.

Tegelijkertijd verwijst 'wat er voor de ander op het spel staat' naar het hele leven en niet alleen naar datgene wat problematisch of kapot is. Er wordt nauw aangesloten bij de leefwereld en levensloop van de betrokkenen. De presentiewerker is betrokken bij het leven van de cliënten. De jacht op problemen staat niet voorop; het gaat er meer om dat cliënten een bevredigende verhouding tot het leven vinden. Deze worteling van presentie in het geleefde leven mondt uit in een ander kenmerk: het presentiewerk oogt vaak heel alledaags, heeft ook alledaagse omgangs- en werkvormen, werkplekken en werkrollen, gewone taal, kleine, doodgewone aanleidingen en aangrijpingspunten. Denk vooral niet aan zware hulpverlenende gesprekken.

> Een dakloze staat elke morgen daklozenkranten te verkopen op het station van Utrecht. Hij slaapt in Arnhem en reist elke dag heen en weer. Hij is een geliefde verkoper. Van veel mensen die hem kennen krijgt hij wat toegestopt; een beker koffie, een zak krentenbollen, een paar sokken. Op een dag staat hij er niet, en pas na drie maanden is hij er weer. Hij blijkt vastgezeten te hebben vanwege alle openstaande boetes: 'Tja, dat zwartrijden elke dag, dat loopt op.' De medewerker van de dagopvang ziet hem op het station vaak staan, maakt een praatje, de dakloze lijkt zich te schikken in zijn lot en organiseert zelf werk en een slaapplek. Voor de maatschappij is dit onacceptabel, het grotestedenbeleid eist dat hij onderdak en regulier werk heeft, en dus van de straat is. Wat is het beste in dit geval? De hulpverlener houdt voorlopig contact, maakt elke week een praatje, koopt elke maand een nieuwe daklozenkrant maar praat (nog) niet over oplossingen voor de dakloosheid.

Aan het einde van de omschrijving van de presentiebenadering op de website, aangehaald aan het begin van dit hoofdstuk, staat 'wat gedaan kan worden, wordt gedaan'. Belangrijk hier is het woordje 'kan'. Er staat niet 'moet'.

> In het Catharijnehuis komt Piet binnen, een bekende bezoeker. Hij strompelt naar binnen en ziet er slecht uit. We vragen geschrokken wat er aan de hand is. Piet blijkt gevallen te zijn met zijn fiets een week geleden, heeft twee dagen op de hartbewaking van het ziekenhuis gelegen en is ontslagen omdat hij stiekem op de wc zat te roken. Hij is naar huis gestrompeld (hij heeft een klein huisje) en heeft daar enkele dagen op de bank gelegen. Hij heeft geen telefoon en kon dus niemand waarschuwen. Toen hij zich weer iets beter voelde is hij naar het inloophuis gegaan, hij heeft eten en medicijnen nodig. We geven hem allereerst eten en drinken en na zijn verhaal gehoord te hebben, bellen we de sociaal-verpleegkundige van de GGD, die het medische verhaal gaat uitzoeken en voor medicijnen zal zorgen. Verder zorgen we ervoor dat een andere bezoeker Piet weer thuis brengt en boodschappen voor hem doet. Deze bezoeker belooft langs te gaan bij Piet als hij zelf niet in staat blijkt de komende dagen naar het inloophuis te komen.
> De zaken die acuut zijn worden dus geregeld. Dat zijn woonsituatie voor Piet, met zijn breekbare gezondheid, helemaal niet zo geschikt is, is iets anders dat misschien later aan de orde komt. Of misschien ook niet: Piet is een eigenwijze man die gesteld is op zijn eigen manier van leven.

De presentiebenadering loopt niet over van door anderen uitgebroede bedoelingen. Doelen liggen niet vast, zeker niet van tevoren; het gaat eerder om een doelrichting. De presentiebeoefenaar heeft een open agenda die de ander mag invullen. Open moet ook de benadering van die ander zijn: niet (van tevoren al) weten, zich laten verrassen, het eigen oordeel en handelen opschorten, de geleefde betekenis van het leven goed tot zich door laten dringen en dus zich openstellen.

3.5 Voor welke cliënten is de presentiebenadering geschikt?

De presentiebenadering is bijzonder geschikt voor het contact met mensen in de marge van onze samenleving; moeilijk bereikbare, chaotisch en teruggetrokken levende mensen bij wie zich de problemen opstapelen. Presentie is vooral betekenisvol voor mensen die maatschappelijk uitgestoten of sociaal overbodig heten, wier verhaal, leed en leven anderen nauwelijks interesseert, en die gemist kunnen worden als kiespijn. Mensen die in de woorden van Judith Wolf (2002) 'uitgeburgerd' zijn.

Juist die mensen worden door presentiewerkers uitgekozen, gevonden, gesterkt, erkend en opgenomen in een sociaal weefsel. Doordat de presentiewerker zich goed positioneert in het netwerk van de reguliere zorg en het welzijnswerk, vormt hij vaak een goed doorgeefluik of bruggenhoofd naar de reguliere hulpverlening. Zo spelen de medewerkers van de dagopvang een grote rol in de signalering van de problemen en doorverwijzing van de bezoekers naar bijvoorbeeld de verslavingszorg of de psychiatrie.

> Annie is ruim 50 jaar, een echte volksvrouw zou je kunnen zeggen. Jaren geleden is ze uit haar huis gezet vanwege overlast. Naar haar eigen zeggen had ze slechts tien katten. Annie is bij ons in de daklozenopvang bekend als iemand die bepaald niet om woorden verlegen zit. Een vrouw met humor en een hart van goud, maar iemand die ze niet mag of met wie ze het niet mee eens, wordt getrakteerd op een onvervalste scheldpartij. Ikzelf mag haar graag. Keer op keer leid ik Annie bij een dreigend conflict af, door gebruik te maken van haar gevoel voor humor.
> Na jaren gezworven te hebben krijgt ze woonruimte in een 24-uursvoorziening. Annie gaat vol goede moed naar haar nieuwe woonruimte, maar is binnen een halfjaar weer bij de daklozenopvang, geschorst vanwege haar grote mond. Ze wil niet meer terug. Ik leg contact met een begeleide woonvoorziening van het Leger des Heils en na een wachtperiode kan ze daar terecht. In het begin heeft ze veel aanpassingsmoeilijkheden, maar na een tijdje lukt het haar redelijk om zich aan de regels van het huis te houden. Veel medewerkers gaan in het begin even bij haar kijken. Na een paar maanden komt Annie weer eens bij ons langs in het opvanghuis en vertelt dat er niemand meer bij haar op bezoek komt.

Ik spreek een bezoekje af voor over twee weken. Zo gezegd, zo gedaan. Het eerste wat de vrouw voldaan vaststelt bij het ontvangen van dit bezoek is: 'Je hebt je woord gehouden'.

3.6 Wat wordt er van de presentiewerker gevraagd?

In de presentiebenadering is de manier van werken, hoewel professioneel, eenvoudig alledaags. Hierbij is er weinig ander houvast dan wat er binnen de situatie gebeurt. Het werk speelt zich af zonder vaste patronen, zonder een legitimatie vooraf, zonder veilige regels of een beschermende professionele status. Je moet het toch vooral van jezelf hebben, jezelf voortdurend vragen stellend over de achterliggende redenen van je handelen of het uitblijven daarvan. Introspectie en reflectie zijn hierbij belangrijk. De presentie stelt eisen aan de hulpverlener, niet aan de cliënt. Deze eisen houden nauw verband met wat cliënten zoeken of hopen te vinden.

De kenmerken van een presentiewerker kunnen als volgt omschreven worden.
- De presentiewerker is in principe ongehaast en gemakkelijk aan te klampen en heeft in de regel langdurige contacten.
- In de dagopvang is het vaak druk en hectisch. In deze situatie vereist het concentratie om naar iemands verhaal te luisteren en niet steeds rond te kijken of alles verder wel goed gaat of alvast in gedachten bezig te zijn met wat er ook nog moet gebeuren. Daarnaast is het belangrijk om iemands verhaal te onthouden; soms zie je als medewerker van de dagopvang iemand dagen, weken, maanden of zelfs jaren niet.
- Bij presentie zet de werker gewone menselijke kwaliteiten in, zoals aandachtigheid, warmte, vriendelijkheid, trouw, mededogen, oprechtheid en nabijheid. Veel cliënten hebben door de jaren heen een grote achterdocht jegens anderen opgebouwd. Ze zijn zeer gevoelig voor onechte belangstelling. Iedere werker zal dus zeer kritisch op zichzelf moeten zijn. Dit pleit bijvoorbeeld ook voor de inzet van vrijwilligers. Cliënten waarderen vrijwilligers zeer: ze komen voor hén en krijgen er niets voor.
- De presentiewerker is niet louter aanspreekbaar op één type probleem of hulpvraag.
- Het gaat om openheid, werkterreinoverschrijding, brede inzetbaarheid en doen wat de hand vindt om te doen. Dit is bijvoorbeeld uitvoerig beschreven door de buurtpastores in het boek van Baart (Baart, 2001, deel II, hoofdstuk 4 en 5).
- De presentiewerker is bereid om cliënten onbevangen te woord te staan, hij wil benaderbaar en nabij zijn. De presentiewerker voegt zich: hij richt zich op wat zich aandient vanuit de cliënt. Dit betekent dat de werker de logica van de cliënt volgt. In de praktijk van de dagopvang kan dat betekenen dat een ge-

sprek gaat over een vroegere hobby, gevangeniservaringen of waanideeën en complottheorieën, en dat allemaal binnen één uur tijd. Het is aan de werker om in zulke gesprekken nabijheid te tonen.

- De presentiewerker kan verwonderd zijn: verwondering over het levensverhaal en de betekenisgeving van de ander. Verwondering is iets anders dan verbazing. Verwondering nodigt uit om verder te vertellen, terwijl verbazing een oordeel (of afwijzing) kan inhouden.
- De presentiewerker probeert te vermijden dat hij in een vast werkstramien vervalt. Hierbij is geduld ook belangrijk. De eigen behoefte om problemen op te lossen moet uitgesteld worden. Van een behandelingsmodel kunnen wellicht de verschillende fasen worden verwisseld, als dat in het belang van de cliënt is.
- De werker is tot op zekere hoogte 'bedonderbaar'; de hulpverlener weet dat een cliënt hem (enige tijd) af kan weren, voornemens niet uitvoert of kan liegen en bedriegen. Dat zijn niet meteen redenen om de cliënt af te wijzen. Normen als eerlijkheid en waarheid zijn niet eenduidig vast te stellen en op te leggen door de werker. Het is mooi als de betekenis van bijvoorbeeld waarheid en eerlijkheid onderwerp van gesprek kan worden tussen werker en cliënt, waardoor de invulling voor de cliënt persoonlijk wordt. Eén keer ontving een werker een cadeautje van een cliënt mét de kassabon, om hem te laten zien dat het eerlijk gekocht was. Het cadeautje werd trots overhandigd.

3.7 Presentie, kun je dat leren?

Er wordt dikwijls de vraag gesteld: presentie, is dat te leren? Hoe verwerf je de competenties die nodig zijn voor presentiewerk? Het beoefenen van presentie vraagt allereerst om een bewuste keuze voor de visie en uitgangspunten van de benadering, zoals beschreven aan het begin van dit hoofdstuk. Je moet je als hulpverlener kunnen vinden in de grondhouding. Verder is het belangrijk om kennis te nemen van de presentietheorie, maar het feitelijk werken met de presentiebenadering leer je in de praktijk. Presentie is niet te leren aan de hand van een stappenplan. Het vraagt een persoonlijk leerproces met kritische (zelf)reflectie als basis. Dit leerproces kost veel tijd. Die tijd moet je jezelf als professional gunnen en moet je door je werkgever gegund worden. Een ervaren presentiewerker kan als leermeester fungeren. Presentie lijkt in die zin op een ambacht; aan de hand van de meester leert de leerling vakbekwaamheid. Vormen als intervisie en supervisie kunnen hierbij van grote waarde zijn.

Presentiewerk vereist veel uren op de werkvloer. Misschien bestaat het belangrijkste leren bij presentie uit afleren. Bijvoorbeeld het afleren van voorgeprogrammeerde reacties, of het loslaten van een idee over de fasen die door de cliënt doorlopen zouden moeten worden. Afleren is ook dat de hulpverlener zich bewust is van en sensitief wordt voor het appel dat de cliënt op hem doet: wat vraagt een cliënt nu echt, welke behoefte zit er misschien onder een vraag verscholen?

Flexibiliteit – bijvoorbeeld het plan van aanpak kunnen omgooien – en creativiteit – verschillende werkmethoden door elkaar kunnen gebruiken of ongewone oplossingen bedenken – zijn belangrijke eigenschappen voor deze manier van werken. Voor zover dit niet al persoonlijke eigenschappen van de professional zijn, ontwikkelt hij ze ook door gaandeweg veel praktijkervaring op te doen.

> In het inloophuis zit Dirk dagelijks te klaverjassen. Dirk is een oude bekende, sinds kort is hij weer uit de gevangenis ontslagen en komt hij weer langs. Dirk is ongeveer 40 jaar, heeft ervaring in de metaalsector en wil graag weer aan het werk. Hij wil zijn kennis opfrissen op het ROC (drie maanden cursus) en dan weer aan de slag. Er is veel werk in zijn sector. Jacques, een medewerker van het inloophuis die hem goed kent, zet samen met hem het een en ander op een rijtje. Dirk heeft nog schulden, waaronder een alimentatieschuld en openstaande boetes. Dirk wil echt afscheid nemen van zijn oude leven en met een schone lei beginnen: schuldsanering, oude boetes betalen of er een straf voor uitzitten, en werken. Dirk komt al snel in een 24-uurswoonvoorziening terecht waar hij een woonbegeleider heeft. Hij klaagt echter dat het niet opschiet omdat hij inmiddels al maanden verder is en nog steeds zit te klaverjassen.
> Jacques sluit aan bij de behoefte en betekenisgeving van Dirk. Hij belt de woonbegeleider met de vraag of het mogelijk is dat Dirk een cursus doet om zich bij te scholen. Het blijkt dat de sociale dienst geen cursussen betaalt voor mensen die misschien nog een straf moeten uitzitten. Jacques vraagt zich af of het mogelijk is alle wachttijden (voor schuldsanering, voor strafzaken, voor boetes 'uitzitten') samen te nemen om zo meerdere trajecten tegelijkertijd te kunnen doorlopen. Helaas blijkt de regelgeving zo in elkaar te zitten dat de trajecten achtereenvolgens doorlopen moeten worden. Zo kan het dus nog jaren duren. Jacques is het eens met Dirk die verzucht dat hij geen uitkering wil maar wil werken om zo zijn schuld af te lossen, maar dat het hem kennelijk niet gegund is. Graag had hij gezien dat er creatief met Dirks verhaal werd omgegaan om hem zo snel een 'normaal' leven te geven, iets wat Dirk zelf graag wil.
> In dit geval lukt het niet om op korte termijn een oplossing te vinden, maar Jacques neemt zich voor met Dirk, de woonbegeleider en een medewerker van de sociale dienst om de tafel te gaan zitten om te kijken welke creatieve mogelijkheden er zijn om de wachttijd van Dirk te verkorten.

Als je de taakomschrijving van Jacques bekijkt, behoort zo'n overleg strikt genomen niet tot het takenpakket van een medewerker van het inloophuis. Hij doet dat uit betrokkenheid met Dirk. Maar er is ook nog iets anders. Jacques heeft de moed om te proberen buiten de gebaande paden te gaan, en legt zich niet meteen neer bij 'hoe de regels zijn'. In elk geval heeft Dirk in hem een bondgenoot in het oerwoud van regelingen en procedures.

3.8 Wat betekent de presentiebenadering voor een cliënt?

In de voorbeelden in het voorgaande is tussen de regels door te lezen dat de cliënt kan rekenen op aandacht en betrokkenheid van de presentiewerker. Natuurlijk worden ook de problemen aangepakt die een cliënt heeft en opgelost wil zien. Maar wat doet de presentiebenadering met de cliënt?

Mensen in de marge van onze samenleving, zoeken volgens presentiewerkers (Haas e.a. 2008, p. 64) vooral:
- aandachtige betrokkenheid, troost en trouwe nabijheid als middel tegen eenzaamheid;
- gesprekken over hun leven, omdat ze richting en zin ontberen;
- een getuige voor hun leed, lief, trots omdat het anders niet bestaat;
- erkenning en bevestiging van hen als persoon, maar ook van persoonlijke kwaliteiten; versterking van eigenwaarde, als tegenwicht tegen het gevoel dat de samenleving ze als overbodig beschouwt;
- een mogelijkheid om gehoord te worden, verhalen te mogen vertellen, een geschiedenis te mogen hebben omdat hun eigen identiteit leemtes vertoont of weg lijkt te zijn;
- iemand met tijd en plek voor hen, die hen durft aan te raken, als een tegenwicht voor de ervaring dat ze vaak in de kou staan;
- een relatie die lijkt op broer-, zus-, vriendschapsrelatie omdat deze essentiële relaties vaak verbroken zijn;
- iemand die het met hen kan uithouden bij de onberekenbaarheid en eindigheid van het bestaan.

Natuurlijk bieden vele werkers één of meerdere aspecten, ook als ze presentie niet hoog in het vaandel hebben staan. Het verschil is dat bovenstaande punten leidende motieven zijn binnen het werken vanuit de presentie. De genoemde aspecten kunnen beschouwd worden als resultaten die weldadig zijn in zichzelf, en functioneel vanuit het perspectief van hulpverlening.

3.9 Misvattingen rond presentie

Er leven een aantal misvattingen rond presentie. Een van de grootste misvattingen is dat presentie iets gemakkelijks zou zijn dat voor elke werker voor het grijpen ligt. Dit houdt ook een onderschatting van presentie in. In deze opvatting behoeft presentie dan ook weinig extra aandacht. Presentie is toch niets anders dan gewone menselijkheid? Kennelijk slaagt de presentiebeweging er niet altijd in om het unieke goed uit te leggen.

Ook wordt presentie wel een 'hoera-begrip' genoemd. Soms claimen instanties (te) gemakkelijk dat zij vanuit presentie werken en daarom dus goed werk verrichten. Een zin over presentie in het beleidsplan lijkt dan genoeg, terwijl de dagelijkse werkpraktijk nog ver van de presentiebenadering af staat.

Soms wordt de tegenstelling tussen presentie en interventie beperkt tot goed (presentie) en fout (interventie). Deze tegenstelling doet geen recht aan presentie, noch aan interventie. Van der Laan (2003) heeft gesteld dat eigenlijk iedere vorm van interventie 'ingebed' zou moeten zijn in presentie (zie ook Van Heijst, 2005).

Presentie heeft het moeilijk in combinatie met de eisen van deze tijd waarin het vooral gaat om meetbare resultaten en declarabele uren. Veel werkers denken dat presentiewerk veel te veel tijd kost. Of ze hebben moeite de benodigde tijd te verantwoorden. Vaak koppelt men presentie aan het hebben van een vrije rol en ziet men geen kans om presentie uit te oefenen in het kader van een strakkere organisatie.

Ook zijn er plekken waar de werkers de presentiebenadering erg zien zitten maar worden tegengewerkt door het management. Het management ziet presentie niet samengaan met efficiëntie omdat de uitkomsten niet meetbaar genoeg zijn, terwijl de financieringssystemen wel op meetbaar resultaat zijn gebaseerd. Toch blijkt uit onderzoek dat het werken vanuit de presentiebenadering ook een effectieve vorm van werken is, niet omdat er altijd een snelle oplossing gevonden wordt, maar wel omdat cliënten zich gesteund en 'in hun kracht gezet' voelen. Hierdoor ontstaat na kortere of langere tijd uitzicht op veel duurzamere resultaten dan met een eenmalig oplossingsgerichte interventie kan worden bereikt.

3.10 Implementatie in de praktijk: nogmaals het Catharijnehuis

Vanwege de tijdgeest blijkt het dus niet eenvoudig te zijn de presentiebenadering goed te implementeren. Het is duidelijk dat de presentiebeweging ook een tegenbeweging is, tegen de heersende stroom in.

Er is veel literatuur over presentie beschikbaar, maar de hoeveelheid en soms ook de (wetenschappelijke) taal waarin de teksten geschreven zijn, schrikken af. Hoewel iedereen de uitgangspunten begrijpt en onderschrijft, blijkt toepassing in de praktijk best moeilijk.

In het Catharijnehuis, waar veel gewerkt wordt met vrijwilligers en stagiaires, is het een behoorlijke toer het gedachtegoed van de presentie levend te houden. Maar al te gemakkelijk ebt de aandacht weg naar beheersing van bijvoorbeeld conflicten met het oog op veiligheid.

Ook kan ten onrechte de gedachte ontstaan dat presentie betekent dat er geen regels zijn, terwijl regels werkers houvast geven. Gebrek aan regels voelt onveilig. Soms lijkt presentie vaag, omdat ieder er zijn of haar eigen invulling aan moet geven. Omgaan met regels en de ervaren vaagheid eisen veel tijd voor overleg en reflectie om tot een concrete werkbare situatie te komen.

Het werken met vrijwilligers is aan de ene kant een hulp voor het gedachtegoed van presentie; vrijwilligers brengen voortdurend het 'gewone' (lees: niet professionele) leven binnen. Hierdoor wordt de kern van presentie – 'als een vriend of buurvrouw zijn' – gewaarborgd. Anderzijds is het voortdurend wisselende bestand van werkers een bemoeilijkende factor voor de continuïteit, terwijl toepassing van presentie wel om continuïteit vraagt.

In de organisatie als geheel, maar zeker ook op de werkvloer, moet presentie in alle lagen verankerd zijn. Er moet ruimte zijn voor training, evaluatie en het bevragen van de werkers op motieven voor hun handelen. Presentie eist hierin een voortdurende scherpte. Deze scherpte moet wel op een direct toepasbaar werkniveau georganiseerd en ingebouwd zijn. Dit is goed mogelijk, maar eist wel veel. In het Catharijnehuis heeft het bijvoorbeeld geleid tot een extra vraag op een schorsingsformulier dat na een incident wordt ingevuld. De vraag luidt: 'Had er anders gehandeld kunnen worden tijdens het incident?' Deze vraag dwingt de werkers om na te denken over hun eigen rol en hun eigen motieven in het werk.

Ook evaluatie van elke dienst met het team dat gewerkt heeft en het invullen van het overdrachtsformulier bieden mogelijkheden om handen en voeten te geven aan presentie. Daarnaast is de zogenaamde 'buitendienst' in het leven geroepen. Medewerkers zoeken ook buiten het Catharijnehuis bezoekers op als zij bijvoorbeeld in het ziekenhuis liggen of in de gevangenis zitten. Of ze gaan bij hen langs als ze een huis hebben gekregen. Op deze manier blijven de medewerkers bij de mensen, ook al zijn ze (even) geen bezoeker.

Er is een maatschappelijke en politieke druk waar elke werker door wordt beïnvloed. De tijdgeest stimuleert snelle maatregelen tegen bijvoorbeeld overlast op straat. Medewerkers van het Catharijnehuis worden aangesproken door buurtbewoners en de politie, die willen dat zij de bezoekers het liefst ook in de omgeving van het inloophuis in het gareel houden. Als professional word je verleid om repressief te gaan optreden en ongewenst gedrag te bestraffen. Op zich begrijpelijk, maar dit gaat slecht samen met het opbouwen van een relatie met bezoekers waarin vertrouwen zo'n belangrijke rol speelt.

Het is veel gevraagd om de maatschappelijke druk creatief te combineren met presentie. Het is niet onmogelijk, maar het stelt wel hoge eisen aan werkers. En het vraagt om steunende leidinggevenden en een organisatie die de presentiebenadering hoog in het vaandel heeft staan. Interessant daarbij is dat het ook mogelijk is om een organisatie vanuit de presentiebenadering te managen.

3.11 Presentie, ook in de toekomst

Presentie is een begrip geworden in grote delen van de wereld van de maatschappelijke opvang, de zorg en de psychiatrie. Het grote succes van de presentiebenadering is veelbetekenend en wellicht ook veelbelovend voor de toekomst van goede zorg.

Presentie maakt de pijn en het lijden van de cliënt tot basaal uitgangspunt. Dit is wellicht uniek of op z'n minst heel bijzonder binnen de hulpverlening. Het uitgangspunt is treffend weergegeven in de kernzin: 'Telt het voor jou dat dit hier bij mij almaar weer zo gaat, pijn doet en stoppen moet?' (Baart, 2001, p. 651 e.v.). Deze wat ongewoon geformuleerde hulpvraag vormt de kern waar presentie een antwoord op wil geven. De vraag vat samen waar veel hulpvragen in de kern op neerkomen, in de opvatting van Baart. Er wordt een persoonlijk appel gedaan ('telt het voor jou...?') en het gaat erom een terugkerende pijn te stoppen. Als ik er als werker in slaag om aan cliënten te laten merken dat zij voor mij tellen, dat ik hun pijn begrijp en dat ik wil proberen met hen te zoeken naar manieren om de last draaglijker te maken, dan geeft dit mij veel voldoening in mijn werk.

Een laatste voorbeeld uit mijn werksituatie illustreert dit.

> Moustafa, een redelijk geslaagde, geïntegreerde Marokkaan, is in zijn ogen een mislukkeling waar de familie zich voor schaamt. Hij is na een goede opleiding te hebben genoten alcoholist geworden en is nu volkomen aan lager wal geraakt. Stukje bij beetje werkt hij aan zijn verslaving. Dit gaat met vallen en opstaan.
> Hij komt regelmatig in het Catharijnehuis, en langzaamaan hebben we een band opgebouwd. Ik besluit hem niet aan te spreken op zijn verslaving of te stimuleren tot werk. Moustafa lijkt er echt mee te zitten dat zijn familie zich voor hem schaamt. De laatste keer dat hij zijn moeder zag was ze van schaamte in huilen uitgebarsten: 'Dat ik zo'n jongen heb voortgebracht'. Omdat ik zelf moeder ben, kan ik vanuit dit perspectief aangeven dat ik zowel hem als zijn moeder kan begrijpen. In een van de vele korte gesprekjes verwoord ik dat hij er wellicht naartoe kan werken zijn moeder weer te ontmoeten. Ik beloof samen met hem te werken aan eerherstel, zodat hij zijn moeder weer onder ogen kan komen en zijn familie weer trots op hem kan zijn. Samen denken we na over een bos bloemen die hij een volgende keer aan zijn moeder kan geven. Moustafa is geroerd: 'Dat je zo met mij meedenkt vind ik speciaal.' En ik krijg een omhelzing.

Reflectievragen

1 Aandachtigheid is een belangrijk begrip in de presentiebenadering. Hoe zou je dit begrip zelf willen invullen? Op welke wijze kun je 'aandachtig' zijn in je studie of je eigen werk?
2 Spreekt de presentiebenadering je aan? Wat spreekt je vooral aan?
3 De basisbeweging van de presentiebenadering is naar de ander toe te bewegen. Hoe zou je dat concreet kunnen doen?
4 De auteur stelt 'wat gedaan kan worden, wordt gedaan'. Hoe kijk je hier tegen aan?
5 Een van de kenmerken van de presentiebenadering is 'ongehaastheid'. Hoe kun je dit rijmen met de voorwaarden van 'snel en effectief' werken, zoals die vaak door hulpverleningsorganisaties gesteld worden?

4 Mediation

Conflictoplossing via bemiddeling door een mediator

door Greet van Gorsel

Greet van Gorsel is systeemtherapeut, NMI-gecertificeerd mediator en trainer. Zij heeft een eigen praktijk waarin zij als mediator werkt voor rechtbanken en juridische loketten. Daarnaast startte ze begin 2009 samen met collega-mediators het Mediationhuis in Alkmaar en ze is betrokken bij de Scheidingsoriëntatieschool: een oriëntatiecursus voor echtparen of individuen die van plan zijn om te gaan scheiden. Op basis van haar ervaringen schetst Greet in dit hoofdstuk wat mediation inhoudt en welke fasen er in het mediationproces worden doorlopen.

4.1 Inleiding: mediation als methode van conflictoplossing

> De rechter zucht diep. Zoveel verstoordheid tussen deze jonge mensen en toch moeten zij samen een 3-jarig kind opvoeden. 'Hebt u wel eens aan mediation gedacht?' vraagt hij. Hij legt uit dat bij mediation partijen samen zoeken naar een oplossing onder begeleiding van een onafhankelijk procesbegeleider. Demir en Rianne zouden met een mediator kunnen bezien wat het beste is voor hun kind.

Sinds de jaren negentig van de vorige eeuw is mediation als methode van conflictoplossing in Nederland in opkomst. Mediation is overgewaaid uit Amerika waar een vergaande juridisering, een cultuur van veelvuldig procederen, enigszins tot staan gebracht werd door de ADR-beweging (Anders Dan Rechtspraak). Arbitrage en bemiddeling werden geïntroduceerd in de rechtspraak om eindeloos procederen te voorkomen.

In Nederland is van oudsher veel bemiddeld en onderhandeld, vaak door notabelen, later ook door hulpverleners en andere professionals. Omdat er sprake is van een toenemende juridisering in de samenleving worden conflicten steeds vaker aan de rechter voorgelegd. Om dit proces van juridisering tegen te gaan is mediation ook ingevoerd bij de rechtbanken. De overheid is van mening dat conflicten daar opgelost dienen te worden waar ze ontstaan, namelijk bij partijen zelf. In principe wordt bij iedere zaak bekeken of deze geschikt is voor mediation. Maar iedereen die een conflict heeft, kan ook rechtstreeks een mediator vragen om te bemiddelen.

4.2 Wat is mediation?

Mediation is een vorm van conflictoplossing via bemiddeling door een onafhankelijke derde: de mediator.

> Mediation is een vorm van bemiddeling in conflicten, waarbij een neutrale bemiddelingsdeskundige, de mediator, de onderhandelingen tussen partijen begeleidt teneinde vanuit hun werkelijke belangen tot gezamenlijk gedragen en voor ieder van hen optimale resultaten te komen (Brenninkmeijer, 2005).

De mediator neemt zelf geen besluiten, werkt volgens een bepaalde procedure, beschikt over technieken en vaardigheden om partijen bij het conflict te begeleiden om te komen tot oplossingen die meer zijn dan de som der delen. Bij onenigheid tussen buren over de bouw van een schuurtje en verlies van lichtinval bijvoorbeeld, kan het aanbieden van een andere parkeerplek voor de auto en mogelijkheden voor een lichtkoepel of zonneterras maken dat zij beiden 'meer' hebben dan slechts het kadastrale stuk grond om hun huis. We spreken dan van een win-winsituatie (Fisher e.a. 2007).

Mediation vindt plaats op vrijwillige basis. Partijen dienen bereid te zijn zich in te spannen om naar een oplossing te zoeken. Zij moeten belang hebben bij een oplossing, iets 'te halen' hebben, meer dan bij een rechter. Een belang kan zijn: de toekomstige relatie met de andere partij. In een rechtszaak kun je winnen maar daarmee tegelijk de relatie met de ander, of bijvoorbeeld je baan, verliezen. Snelheid of angst voor negatieve publiciteit kan een reden zijn om voor mediation te kiezen. Soms zijn conflicten juridisch moeilijk oplosbaar, of gaat het meer om emoties. Mediation is laagdrempelig, snel, en oplossingsgericht. Het resultaat van de mediation wordt vastgelegd in een vaststellingsovereenkomst waarin de door partijen bedachte oplossingen staan; de overeenkomst wordt in de afrondingsfase door hen ondertekend.

4.2.1 Toepassingsgebieden van mediation

In principe lenen alle grote en kleine conflicten zich voor mediation: daar waar de relatie tussen mensen verstoord is en er belangen zijn om tot een oplossing te komen, daar waar men in de toekomst ook nog met elkaar verder moet. Met uitzondering van strafrecht, hoewel daar wel een bijzondere vorm van mediation voor is ontwikkeld, namelijk herstelbemiddeling.

Mediation wordt toegepast bij zeer uiteenlopende conflicten. Bijvoorbeeld bij conflicten in een werksituatie, binnen families, bij een echtscheiding of een gevecht om omgang met de kinderen, op het gebied van de gezondheidszorg. Ook bij conflicten bij of met de overheid, in de bouw, in het onderwijs bij klachten van ouders of ruzies tussen leerlingen, bij conflicten tussen buren, in het bedrijfsleven tussen bedrijven of met klanten. Tussen daders en slachtoffers wordt ook steeds vaker mediation als middel gebruikt. Kortom: overal waar sprake is van een conflict kan de vraag worden gesteld of men bereid is het conflict met mediation op te lossen.

4.2.2 Wie is mediator?

Mediation is een onbeschermd beroep. Iedereen kan zichzelf zonder enige scholing of ervaring tot mediator benoemen. Om de kwaliteit te borgen is het Nederlands Mediation Instituut (NMI) opgericht. Het NMI heeft kwaliteitscriteria geformuleerd. Om bij het NMI als mediator geregistreerd te worden, is het noodzakelijk dat er een door het NMI erkende opleiding Mediation is gevolgd, en daarnaast moet een kennistoets met goed gevolg worden afgerond. Voordat iemand zich gecertificeerd mediator mag noemen is er bovendien nog een uitgebreide assessment die positief moet worden afgesloten. Het NMI heeft ook een systeem van permanente educatie ingevoerd. Mediators moeten zich blijven bijscholen om hun registratie en certificering te behouden. Iedereen kan in principe een NMI-erkende opleiding doen, maar in de praktijk blijkt dat een beroepsachtergrond op ten minste hbo/wo-niveau met al veel ervaring met bemiddeling noodzakelijk is om het vak uit te kunnen oefenen en de toetsen te halen. Waren het in eerste instantie voornamelijk advocaten die mediator werden, de laatste jaren is er een verschuiving naar professionals met een sociaalagogische achtergrond. De mediator opereert op het grensvlak van het juridische en het agogische veld. Dit vraagt verschillende vaardigheden en soorten kennis. Bij de afzonderlijke beroepsgroepen zijn niet al die vaardigheden en kennis in huis die nodig zijn voor goede mediation. Juridische kennis ontbreekt, of juist het goed kunnen omgaan met de dynamiek van conflicten en systemisch kunnen werken. De basisopleidingen voldoen daarom niet altijd, en het systeem van Permante Educatie moet hiaten in de beroepsachtergrond vullen. In sommige regio's heeft dit geleid tot nauwe samenwerking tussen professionals vanuit een verschillende beroepsachtergrond om de cliënt 'op maat' te kunnen begeleiden.

4.2.3 Waar vindt mediation plaats?

Een mediator kan werken vanuit een eigen particuliere praktijk, instelling, advocatenkantoor en dergelijke, maar werkt soms ook op de rechtbank zelf in de mediationkamer na verwijzing door de rechtbank. Juridische loketten (voorheen rechtswinkels) zijn tevens verwijzers. Cliënten kunnen ook zonder verwijzing naar een mediator. Mediators zijn voornamelijk te vinden op de website van het Nederlands Mediation Instituut. Een gecertificeerde mediator kan voor minder vermogende cliënten gesubsidieerde rechtsbijstand aanvragen bij de Raad voor Rechtsbijstand. Anderen betalen de mediation zelf.

Er zijn steeds meer instellingen die een interne mediator hebben, zoals arbodiensten, hulpverleningsinstellingen en woningbouwverenigingen. Ook worden professionals getraind in mediationtechnieken om in te zetten in hun reguliere werk bij conflicten, bijvoorbeeld bij Pleegzorg, het Algemeen Maatschappelijk Werk, Bureau Jeugdzorg, club- en buurthuizen, de Raad voor de Kinderbescherming en bij organisaties als de belastingdienst, gemeenten, provincies (bij bezwaar en beroep) en arbodiensten.

4.2.4 Voor wie is mediation?

Zoals eerder al is aangegeven, is mediation in principe geschikt voor elk conflict op elk mogelijk gebied. Toch zijn er conflicten waarbij de verhoudingen zo verstoord zijn en de escalatiegraad zo hoog, dat mensen er alleen nog maar op uit zijn de ander kapot te maken. Dan werkt mediation niet. Ook als er sprake is van verslaving, geweld en bedreiging, of ernstige psychopathologie, zijn partijen meer gebaat bij een uitspraak van een rechter. Tevens is een belangrijke voorwaarde dat degene(n) die mediation krijgt (krijgen), zich in taal uit kan (kunnen) drukken.

4.2.5 Mediation in ontwikkeling

Mediation is een nieuwe stroming op het snijvlak van het juridische en het sociale. De methodiek van mediation is gebaseerd op hulpverleningstechnieken en strategieën (Prein, 2006). De methodiek richt zich op het procesmatig ondersteunen van partijen om zelf naar oplossingen te zoeken, richt zich op het zoeken naar krachten en verbindingen, en op het vergroten van het vermogen van de partijen om conflicten in de toekomst zelfstandig op te lossen. *De* mediator bestaat niet; er is een diversiteit aan beroepsgroepen die mediation als extra methodiek binnen en/of naast het werk toepast. Er zijn echter steeds meer mediators met verschillende 'bloedgroepen' die met elkaar mediation als vak neerzetten. Mediation is een beroep in ontwikkeling.

De cursiefgedrukte woorden in de omschrijving hierna zijn de kernwoorden van mediation: *samen* naar een oplossing zoeken, partijen houden de oplossing in eigen hand, het gaat om een oplossing *op maat* en een *snelle* oplossing.

4.3 Mediation: de fasering

Evenals bij andere vormen van methodisch werken worden er fasen onderscheiden in/bij mediation: voorbereidingsfase, openingsfase, inventarisatiefase, draai- en categorisatiefase, onderhandelingsfase, en de afrondingsfase.

4.3.1 Voorbereidingsfase

> Demir, Rianne en hun advocaten gaan met de mediationfunctionaris mee naar de mediationkamer op de rechtbank. De mediationfunctionaris legt uit wat mediation is, geeft informatie mee over mediation en gedragsregels voor de mediator. Zij mogen van een lijst een mediator uitzoeken. Zij zoeken een mediator uit die verstand heeft van conflicten over kinderen. De advocaten beamen dat dit een goede keuze is. De mediator wordt gebeld, de afspraak wordt gemaakt. Demir en Rianne kiezen ervoor naar het kantoor van de mediator te gaan omdat zij de sfeer op de rechtbank minder prettig vinden. Zij realiseren zich dat zij meer in het belang van hun kind moeten gaan denken en moeten stoppen met de ruzies. De mediationfunctionaris stuurt later een schriftelijke bevestiging, de mediationovereenkomst en aanvraagformulieren voor gesubsidieerde rechtsbijstand. De mediation kan starten!

Steeds meer vinden mensen in een conflict de weg rechtstreeks naar de mediator. Soms worden zij er door een advocaat op gewezen dat ze ook kunnen proberen er samen uit te komen onder begeleiding van een mediator in plaats van met een zaak voor de rechter. Als cliënten direct naar een mediator bellen, dan is het zaak dat de mediator dit contact zo kort mogelijk houdt, niet op de inhoud van het conflict ingaat en alleen over de gang van zaken en de voorwaarden vertelt. Het kan belangrijk zijn de andere partij ook nog even de kans te geven contact te hebben van tevoren. Het is eerder uitzondering dan regel voorgesprekken te houden. Soms willen cliënten een voorgesprek. Dit kan verstandig zijn om hen te motiveren voor mediation en om in te schatten *wie precies partij zijn* in het conflict. Wie heeft er het meest last van? Wie heeft er het meeste invloed op? Bij arbeidsconflicten bijvoorbeeld, kan het belangrijk zijn partijen aan tafel te hebben die beslissingsbevoegdheden hebben. Ook is het belangrijk dat er een *machtsevenwicht* is.

Als er sprake is van grote machtsverschillen, bestaat de kans dat de mediator de zwakkere partij te veel gaat steunen en daardoor zijn neutraliteit verliest. Het kan zijn dat de een meer macht heeft omdat hij meer kennis heeft; bijvoorbeeld bij een scheidend echtpaar waarvan de man een bedrijf heeft waar hij alles van weet en zijn vrouw niets. De mediator kan de vrouw in dat geval de vraag voorleggen hoe zij haar deskundigheid kan vergroten of suggereren een onafhankelijke deskundige in te schakelen. In een situatie waarin de een verbaal sterker is dan de ander, die vervolgens steeds dichtklapt, wordt het ook lastig. Een mogelijke oplossing is de zwakkere partij aan te bieden iemand mee te nemen die kan steunen. Het is echter niet simpel de machtsbalans goed te analyseren. Machtsverschillen kunnen er zijn door verschillen in taal, cultuur, biologische kenmerken, kennis en mate van verbaliteit (Prein, 2006). Zoals gezegd zal het contact vooraf zich in de meeste gevallen beperken tot informatie geven over mediation, de mediator en over het proces, en dus niet gaan over de inhoud. Vuistregel is dat als er contact vooraf is, beide partijen evenveel contact vooraf hebben. Eventuele machtsverschillen worden dan gaandeweg zichtbaar.

Het Nederlands Mediation Instituut heeft een mediationovereenkomst ontwikkeld die borg staat voor kwaliteit voor partijen en de mediator zelf. De overeenkomst wordt getekend door de partijen en de mediator omdat partijen onderling hierin afspraken vastleggen, maar er staan ook afspraken in die betrekking hebben op het contact tussen de partijen en de mediator. Hier horen ook gedragsregels bij voor de mediator. Het gaat om zaken als geheimhouding, overleg met derden, regels over rapportage, neutraliteit en kostendeclaraties. Er is een NMI-klachtencommissie waar partijen een beroep op kunnen doen als zij ontevreden zijn over hun mediator.

In de voorbereidingsfase is het dus belangrijk om precies te weten wie partij zijn. Wie moeten er om de tafel? Zijn er nog meer betrokkenen? Zijn de partijen in staat afspraken te maken? Als het gaat om mediation met een bedrijf bijvoorbeeld: heeft degene die aan tafel zit ook beslissingsbevoegdheid? Hoe is het machtsevenwicht? Moet er een steunfiguur bij (bijvoorbeeld een advocaat)?

De mediator geeft informatie over mediation, maakt een mediationovereenkomst, stuurt deze van tevoren op, evenals informatie over zijn praktijk, instelling. De mediator is gehouden aan 'gedragsregels voor de mediator' van het Nederlands Mediation Instituut. Ook de gedragsregels worden opgestuurd. Als laatste maakt de mediator de agenda voor de eerste bijeenkomst.

Vooruitblik op het verloop van de (eerste) bijeenkomst met de verschillende fasen

Allereerst is er de kennismaking van de cliënten met de mediator. Dan legt de mediator de agenda voor en wordt deze gezamenlijk vastgesteld. Zowel de mediator als de cliënten tekenen de mediationovereenkomst. Als de cliënten in aanmerking komen voor gesubsidieerde rechtsbijstand (ook wel toevoeging genoemd), dan wordt een aanvraagformulier ingevuld. Vervolgens krijgen de partijen de gelegenheid om te vertellen wat het conflict is en waarom zij er samen niet uitgekomen zijn. Soms worden meteen al eerste afspraken gemaakt, bijvoorbeeld over de omgang met de kinderen, als dat aan de orde is. Afspraken die goed nagekomen worden, kunnen in deze fase het vertrouwen doen toenemen. Als een afspraak niet lukt, heeft de mediator meer zicht op datgene wat de partijen nodig hebben van elkaar. Afhankelijk van de tijd worden de eerste fasen doorlopen, meestal de openings- en inventarisatiefase. Bij sommige mediations, bijvoorbeeld in het bedrijfsleven, wordt gestreefd naar een oplossing tijdens de eerste bijeenkomst. Zo'n bijeenkomst kan dan wel een hele dag duren. Tijdens die dag worden alle fasen doorlopen. In de volgende paragrafen worden de verschillende fasen verder toegelicht aan de hand van het conflict tussen Demir en Rianne.

4.3.2 Openingsfase

Demir en Rianne zijn een beetje zenuwachtig. Demir heeft zijn verhaal al in z'n hoofd en is ervan overtuigd dat de mediator zijn kant zal kiezen als zij hoort hoe hij belazerd is door Rianne die er met een man vandoor is gegaan. Hij wordt weer razend bij het idee dat een ander 'met z'n poten' aan Rianne en aan zijn kind zit. Rianne is bang dat het gesprek weer in geschreeuw zal eindigen en dat er later weer vervelende telefoontjes gaan komen.

Zij gaan naar binnen. De ruimte is rustig, aangenaam. Heel anders dan zo'n gerechtsgebouw. De mediator begroet hen vriendelijk en biedt hen iets te drinken aan. Zij zitten aan een grote tafel, ieder aan een kant tegenover elkaar, met de mediator aan het hoofd van de tafel tussen hen in. De mediator heeft hen gevraagd zo tegenover elkaar te gaan zitten dat zij elkaar aan kunnen kijken. Tenslotte gaan zij met elkaar aan het werk om eruit te komen. Gelukkig is er voldoende afstand tussen hen! Demir en Rianne voelen zich redelijk op hun gemak.

De mediator vertelt dat zij niets meer van hen weet dan hun namen en dat de zaak gaat om *gezag en omgang*. Zij neemt alle stukken met hen door en laat hen eerst de mediationovereenkomst tekenen aangezien zowel zijzelf als de partijen *geheimhouding* afspreken. Alles wat zij in de mediationgesprekken gaan zeggen blijft binnenskamers. Demir en Rianne geven aan graag tussentijds te kunnen overleggen met hun advocaten. Zij geven elkaar die ruimte. Ook wil Rianne met haar vriend kunnen praten. Demir springt boos op, maar zegt tevens dat hij het met zijn vriendin wil kunnen bespreken. Demir legt zich bij de eis van Rianne neer. De mediator noteert de namen van de nieuwe partners en advocaten. De mediator legt uit dat na de kennismaking en het tekenen van de stukken ieder zijn verhaal kan doen, waarna er gekeken gaat worden welke belangen er spelen, om vervolgens naar oplossingen te zoeken. Dit alles zal vastgelegd gaan worden in een *vaststellingsovereenkomst*. Het is de bedoeling dat zij samen, met de mediator als procesbegeleider, bedenken wat goed is voor hun kind. Zij zijn de deskundigen; zij kennen het kind het best en weten wat de beste oplossingen zijn voor het kind en elkaar.

De mediator vraagt Demir en Rianne of zij akkoord kunnen gaan met de agenda op de flap-over, of er nog iets ontbreekt. Demir wil heel graag vandaag afspraken maken over de omgang deze week. Rianne gaat akkoord en de mediator noteert het als punt bij de agenda.

Zoals dit voorbeeld laat zien, werkt de mediator in de openingsfase met de cliënten aan de voorwaarden. Hij stelt hen op hun gemak, maakt eventueel afspraken over roken, maakt afspraken over pauzes en de duur van de mediation. De mediationovereenkomst wordt doorgenomen en getekend. Het is belangrijk een juridische overeenkomst te hebben om problemen in de toekomst te voorkomen. De mediator vraagt door op de *motivatie*, onderzoekt of er echt sprake is van *vrijwilligheid*. De mediator is *neutraal*, toont in zijn houding dat hij niet oordeelt, geen rechter is, dat hij meer op zoek is naar onderliggende emoties en betekenissen dan naar oplossingen. Het vinden van de uiteindelijke oplossingen laat hij zo veel mogelijk aan de cliënten over. De mediator laat zien dat hij te vertrouwen is, overwicht heeft, in kan grijpen als dat nodig is, kan sturen, dat het veilig is. De mediator spreekt ook met de cliënten af dat contacten tussendoor tussen hemzelf en een van de cliënten, telefonisch of via de mail, meteen gemeld worden aan de ander, zodat er geen geheime agenda's zijn en de mediator niet in een kamp getrokken wordt.

De mediator werkt met een flap-over of bord. Daarop staat de agenda voor de eerste bijeenkomst. Ook tijdens de mediation visualiseert de mediator datgene waar het om gaat door het op de flap-over te schrijven.

4.3.3 Inventarisatiefase

'Wie wil er beginnen?' vraagt de mediator. Zij besluiten dat Rianne maar moet beginnen met haar verhaal; wat maakt dat zij en Demir niet samen uit het conflict gekomen zijn? Rianne vertelt dat ze tien jaar samengewoond hebben. Al die tijd heeft zij enorm haar best gedaan geaccepteerd te worden door de Turkse schoonfamilie. Zij heeft heel erg van Demir gehouden maar zij voelde zich niet gesteund door hem naar de familie toe. Rianne vertelt van ruzie met de schoonzus, het eisende gedrag van schoonmama toen Rianne net bevallen was van Erdiz. Zij voelde zich niet gerespecteerd als moeder. Rianne huilt. Demir slikt ook tranen weg. Zegt het niet geweten te hebben dat het zo erg voor haar was, dat het hem spijt; 'ik heb het verkeerd gedaan'. Rianne vertelt van de conflicten die zij hadden en dat zij dan bang van hem werd. Zij hield het niet meer vol, wilde weg, maar durfde pas toen zij kennismaakte met haar huidige vriend, die haar al snel met Erdiz in zijn huis opnam. Daarna was Demir 'door het dolle heen', achtervolgde haar, zocht telefonisch contact en schold haar uit voor 'hoer'. Omdat zij niet gehuwd zijn geweest, Demir nooit gezag heeft

aangevraagd en het nu zo geëscaleerd is, wil zij hem het gezag over hun kind ook niet geven. Zij vindt het wel heel belangrijk dat zij Erdiz samen opvoeden en wil ook dat Demir kinderalimentatie betaalt voor zijn kind. Zij vindt Demir een goede vader maar heeft moeite met het 'drammen'. Als de afspraak is dat Erdiz om 12 uur terugkomt bij haar, dan probeert Demir altijd te rekken. Zij kan daar slecht tegen en is bang dat hij Erdiz gewoon houdt op het moment dat hij het gezag heeft. Misschien neemt hij hem dan wel mee naar Turkije. Verder vindt zij dat hij ook kinderalimentatie moet gaan betalen. Als hij zo graag verantwoordelijk wil zijn, dan wil zij het daar ook over hebben in de mediation. Anders moet de rechter daar nog een uitspraak over doen.
De mediator vraagt of Rianne nu in de mediation in alle openheid kan praten. Rianne zegt dat zij wel bang is voor reacties van Demir. Afgesproken wordt dat er zowel in als buiten de mediationgesprekken niet gedreigd wordt, ook niet telefonisch. De mediation kan anders geen doorgang vinden.
Demir krijgt evenveel tijd om zijn verhaal te doen. Hij heeft altijd hard gewerkt voor vrouw en kind. Hij is dol op Erdiz en zegt ook nog van Rianne te houden. Kapot is hij geweest van haar vertrek naar die andere man. Hij heeft hem dood willen rijden! 'Hoe zou u het vinden als u dat overkomt?' vraagt hij de mediator. Nu heeft hij het gevoel dat hij niets meer te zeggen heeft over zijn kind. Zij bepaalt alles. Hij mist Rianne en zijn kind vreselijk en wordt razend als zij 'weer dwars ligt'. Hij wil Erdiz meenemen naar Turkije in de vakantie maar dat mag niet van haar. Hij vecht voor het gezag! Als hij het niet in de mediation krijgt, gaat hij terug naar de rechter. Hij zegt dat het hem heel erg spijt dat hij niet meer voor haar opgekomen is, te loyaal geweest is naar zijn familie. 'Ik heb het verknald! Anders had ik je nog gehad ...'

Waar gaat het om? *Wat is de betekenis van het conflict voor elk van de partijen?* De me-diator vat samen, vraagt door: waar zit de grootste pijn, waar zitten omslagpunten in de relatie?

Mediation is geen therapie. De emoties worden benoemd maar niet doorgewerkt. De mediator zorgt ervoor dat beide partijen uit kunnen spreken, dat er geluisterd wordt naar elkaar, dat er respect is, dat ieder kan zeggen wat hij voelt en denkt. Er worden zo nodig gedragsregels op de flap-over geschreven op grond van wat zij zelf aangeven als storend te ervaren. Deze regels kunnen ook voor het verdere verloop en in de toekomst vastgehouden worden om de communicatie te verbeteren. Er wordt geïnventariseerd wat tot nu toe is misgegaan, wat wel goed ging en wat de partijen van elkaar nodig hebben in de toekomst om uit het conflict te komen en te blijven of het conflict samen te kunnen oplossen.

Gedragsregels:
- Er wordt niet gedreigd.
- Geen vervelende telefoontjes of sms'jes.

Betekenis van het conflict

Een conflict is op te vatten als een dynamisch proces dat zich ontwikkelt in de loop der tijden, dat meestal van kwaad tot erger gaat. Het ontwikkelt zich sluimerend of openlijk en wordt verschillend beleefd door partijen. Wat de een beleefd heeft als heel pijnlijk, is de ander allang vergeten of hij of zij is er zich niet bewust van (geweest). In mediation gaat het veel meer om die beleving en waarneming dan om objectieve feiten. De mediator probeert de waarneming en beleving te beïnvloeden, mede met behulp van het verhaal van de ander en door het conflict in een ander licht te plaatsen. Zo kan een arbeidsrelatie tot een conflict leiden door een economische recessie en de druk die er op de betrokkenen staat. Of door ziekte waar niemand iets aan kan doen. Erkenning voor elkaars positie kan dan heel belangrijk zijn en de bereidheid vergroten om uit het conflict te komen.

Hoe dat eruitziet in deze casus wordt hierna beschreven.

Vader Demir: is aangetast in zijn partnerschap, zijn vaderschap, hij voelt zich verraden, zit verstrikt in verticale en horizontale loyaliteiten. Hij is loyaal geweest aan zijn gezin van herkomst, maar te weinig aan zijn vriendin, waardoor hij haar kwijtgeraakt is. Waar het gaat om zijn vaderschap heeft hij het gevoel niets te zeggen te hebben over zijn kind.

Moeder Rianne: is aangetast in haar partnerschap. Zij voelde zich niet gesteund door Demir. Zeker toen zij moeder werd, had zijn loyaliteit naar haar en het kind moeten gaan, vindt zij. Zij voelde geen respect voor haar als moeder.

De mediator heeft de indruk dat er ook interculturele elementen spelen: rolopvattingen, betekenis van de familie, de 'ik'- versus 'wij'-cultuur. Voor Demir is het heel belangrijk het 'te zeggen' te hebben. Hij is in zijn eer aangetast, nu zijn vrouw naar een andere man is 'overgelopen'. Een woord als 'respect' valt veelvuldig.

> De mediator vat samen wat er vandaag is besproken. Ze geeft een eigen analyse van wat er mis is gegaan in hun relatie waardoor zij nu zo verstoord tegenover elkaar zitten en er strijd is over hun kind. De overgang van samen partners zijn naar samen ouders zijn hebben zij niet goed kunnen maken. De familie van vader heeft daar een grote rol in gespeeld. Het is hen niet gelukt te begrijpen wat de ander nodig had in die tijd. De mediator benoemt dat er daarentegen nog veel verbondenheid voelbaar is. Het verleden is niet terug te draaien, jammer dat er indertijd geen hulp is gezocht, maar mogelijk kan de verbondenheid als positieve kracht in het ouderschap blijven bestaan. Communicatie en goede afspraken blijven belangrijk voor hun kind; de partnerrelatie is gestopt maar de ouderrelatie gaat door!

Belangrijk is de positieve kanten van een conflict te benoemen, zoals de mediator hier doet; conflict als kracht in plaats van destructie. Het dwingt te zoeken naar nieuwe doelen, naar nieuwe verhoudingen. Echter, de negatieve kanten van een conflict, de heftigheid, het dreigen, moet stoppen. Dit is een contra-indicatie voor mediation. De mediator moet dit goed in de gaten blijven houden; geweld en dreigen kan niet. Er zou geen vrijheid van spreken en handelen meer zijn voor degene die zich bedreigd voelt.

Na een scheiding is er een heroriëntatie op het ouderschap; de vanzelfsprekendheid over rollen en taken verdwijnt, maar als de ex-partners geen goede nieuwe afspraken maken, ontstaan er conflicten door verkeerde verwachtingen. Emoties rond de scheiding kleuren dit nog eens extra. Het gevolg is dat kinderen 'ertussen zitten' (Spruijt, 2007).

Het partnerschap stopt, het ouderschap gaat door ... is in dit verband een belangrijke constatering.

> De mediator legt uit dat zij de volgende keer met Demir en Rianne wil praten over datgene waar het werkelijk om gaat: de belangen. Zij heeft vandaag veel standpunten gehoord: 'ik wil het gezag' en 'hij moet ophouden met drammen'. De mediator tekent een ijsberg. Het topje van de ijsberg komt boven het wateroppervlak uit. Dat is het zichtbare, daarin zitten de standpunten. Op dat niveau praat je vaak met elkaar als je in conflict bent. In mediation proberen we te ontdekken wat er onder het wateroppervlak zit. Allereerst stuiten we dan op zienswijzen: de waarden en normen. De mediator heeft nu al van Rianne en Demir iets gehoord over hoe zij denken over vaderschap, partnerschap en moederschap. Daar zitten normen en waarden in, het gaat over de manier waarop je tegen iets aankijkt. Demir en Rianne knikken begrijpend. De mediator zegt nog verder te willen kijken met hen, als het ware de diepte in; waar gaat het werkelijk om? Wat zijn de belangen? Die belangen kunnen heel *eigen belangen* zijn, bijvoorbeeld dat je je kind de hele dag bij je wilt hebben omdat je het anders zo mist. 'Ja, dat heb ik!' zegt Demir, en Rianne lacht vertederd. Daarnaast zijn er *tegenstrijdige* belangen. Als jullie beiden je kind de hele dag bij je wilt hebben, dan kan dat niet. Waar we in mediation vooral naar kijken zijn de *gemeenschappelijke* belangen. Waar zijn jullie het over eens, wat vinden jullie allebei belangrijk? Dat vormt de basis voor de oplossingen en afspraken.
>
> Zij vraagt Demir en Rianne voor de volgende keer na te denken over de vraag *waar zij voor staan in het ouderschap*. Welke dromen, idealen hadden zij toen Erdiz in Riannes buik zat en zij hem misschien samen voelden bewegen? Rianne en Demir kijken elkaar ontroerd aan, de woede is even verdwenen...
>
> Deze belangen, vooral de gemeenschappelijke belangen, vormen het uitgangspunt voor de oplossing. De mediator legt uit dat zij vaak werkt met een *ouderschapsplan* waarin ouders de afspraken vastleggen voor het kind, zodat er duidelijkheid is en conflicten voorkomen kunnen worden (Leuven e.a. 2006). Zij vraagt of Rianne en Demir een voorbeeld willen zien. Zij willen dat. De mediator besluit dat ze het in digitale vorm krijgen zodat ze er zelf dingen aan toe kunnen voegen of kunnen schrappen als ze ermee willen gaan werken. Het moet hun plan worden. Zij kennen hun kind en elkaars kwaliteiten en mogelijkheden het best.

Van standpunten naar belangen

De mediator zoekt verbindingen, gebruikt positieve taal in plaats van het conflict uit te spelen en tracht de partijen steeds van standpunten naar belangen te krijgen. De kracht van mediation is zoeken naar *de werkelijke belangen en naar gezamenlijk gedragen en voor beide partijen optimale oplossingen.* In een conflict zitten partijen vaak op hun standpunt en bestaat de neiging steeds meer argumenten te verzamelen om het standpunt sterker neer te zetten en de ander te overtuigen. De mediator tracht partijen los te halen van de standpunten en samen met hen 'onder water' te kijken; van standpunten naar zienswijzen (waarden en normen) te gaan, en vervolgens naar belangen. *Een standpunt is een manier om je belang te realiseren.* Een belang kan op verschillende manieren worden gerealiseerd. Omdat het op verschillende manieren kan, vergroot de mediator de te verdelen taart waardoor er een win-winsituatie ontstaat.

Demir wil het gezag. Dat is een duidelijk standpunt. Rianne wil niet dat hij het gezag krijgt. Rianne wil een duidelijke omgangsregeling waar hij zich aan houdt. Demir wil zeggenschap over zijn omgang met het kind. Dit zijn stuk voor stuk standpunten.

4.3.4 Draai- en categorisatiefase

Demir en Rianne komen voor de tweede keer. Rianne is iets eerder. Zij wil gelijk even van de gelegenheid gebruikmaken om nog wat zaken uit het verleden te vertellen over Demir. De mediator zegt haar dit te bewaren voor als Demir er straks bij is en laat Rianne even alleen om Demir op te wachten.
Demir arriveert. Eerst blikt de mediator even terug op de vorige keer. Hoe hebben zij het gesprek ervaren? Zijn er nog op- of aanmerkingen naar elkaar of de mediator? De afspraken die Demir de vorige keer met Rianne gemaakt heeft over het halen en brengen van Erdiz zijn goed nagekomen. Rianne vond het prettig dat Demir niet is gaan drammen om Erdiz later terug te mogen brengen. Demir geeft aan dat hij minder bang is Erdiz kwijt te raken, nu hij met Rianne in gesprek is.
Nu kunnen de belangen in kaart gebracht worden. Beiden hebben erover nagedacht. De mediator schrijft de belangen op de flap-over.

Belangen t.a.v. ouderschap:

Moeder Rianne:
- consequent zijn in de opvoeding naar het kind toe;
- regels hebben; nee is nee;
- gezond eten; niet te veel snoep; structuur; rust en overzicht voor Erdiz;
- elkaar respecteren in het ouderschap.

Vader Demir:
- een moeder is heel belangrijk, vader ook, maar minder;
- Erdiz moet contact hebben met beide families;
- schoolontwikkeling is belangrijk, iets worden in de maatschappij.

Belangen t.a.v. gezag:

Vader Demir:
- Mocht Rianne overlijden, dan wil ik mijn zoon verder opvoeden.
- Ik heb geen rechten zonder gezag.
- Voor mijn vadergevoel vind ik het belangrijk dat ik gezag heb.
- Als Rianne naar het buitenland vertrekt, kan ik haar niet tegenhouden zonder gezag.
- Ik wil beslissingen nemen bij ziekte.

Moeder Rianne:
- Ik vind het prettig dat ik de omgang kan bepalen, nu ik alleen gezag heb.
- Ik ben bang dat Demir over mij heen loopt als hij samen met mij gezag heeft.

In deze fase inventariseert de mediator met de cliënten de belangen en vraagt door op zienswijzen. Vanuit welke normen en waarden, rolopvattingen, verwachtingen denken de partijen? Maar ook: wat zijn de objectieve normen? Wat zegt de wet erover? De mediator inventariseert, schrijft op de flap-over, categoriseert. Wat zegt de wet? En vooral: wat hebben de partijen gemeenschappelijk?

> Demir is het eigenlijk met alles eens wat Rianne zegt over het ouderschap en zij is het eigenlijk ook met hem eens. Ze praten met elkaar door over hun zoon, over het verwennen dat zijn ouders doen met ijsjes en snoep, waar zij beiden moeite mee hebben. Ze hebben het ook over de moeite die het kind soms heeft met in slaap komen, en ze stemmen de bedrituelen van elk van hen op elkaar af. De mediator luistert en ziet de verandering; van aanval-verdediging naar verbinding. De ouders zijn al bezig met oplossingen. De mediator vraagt hen of zij het ouderschapsplan gelezen hebben en of ze het samen willen maken. Zij knikken instemmend.
> Dan komt het gesprek op het gezag. Rianne geeft aan niet naar het buitenland te gaan. Ze zegt ook dat zij Demir wil laten meebeslissen en veel rechten wil geven. De mediator vraagt door: 'Wat als Demir zich aan de afspraken zou houden, zou je hem dan het gezag willen geven?' Rianne aarzelt, zegt er weinig vertrouwen in te hebben; 'ik ken hem!' Aan Demir vraagt de mediator: 'Als jullie in het ouderschapsplan overeenstemming vinden over rechten en meebeslissen, is het gezag krijgen dan nog een punt?' Demir reageert fel: 'Ik ga door, het is mijn kind, dan maar weer terug naar de rechter!'

In deze fase is het zoeken naar verbindingen. Soms vallen de partijen weer terug naar de standpunten. Dat maakt cliënten moedeloos. De mediator blijft hoop geven dat zij er wel uitkomen en benoemt dat zij vooral na moeten gaan denken over eventuele andere mogelijkheden om de belangen van zichzelf en de ander vorm te geven.

> De mediator geeft Demir en Rianne voorlichtingsbrochures mee van het ministerie van Justitie over gezag en over omgang. De mediator legt uit dat Demir en Rianne zich moeten houden aan de afspraken over omgang die zij samen gemaakt hebben of die door de rechter opgelegd zijn, ook als Demir het gezag heeft. Ze vertelt verder dat Demir, als de natuurlijke vader, veel meer rechten heeft dan hij denkt. De mediator vraagt Demir en Rianne de brochures te lezen voor de volgende keer, het ouderschapsplan in te vullen en van tevoren naar elkaar en haar te mailen. Zij vraagt beiden contact op te nemen met de advocaat over de vraag welk bedrag aan kinderalimentatie reëel is volgens de rekenmodellen voor alimentatie.

Neutraliteit en het referentiekader van de mediator
De neutraliteit van de mediator kan in de draai- en categorisatiefase in het gedrang komen, evenals in de volgende fasen bij het zoeken naar oplossingen en de afronding. Hoewel partijen af kunnen wijken van de wet en andere oplossingen kunnen bedenken, is het wettelijk kader de leidraad voor de mediator. Als de partijen niet tot overeenstemming komen, of de een is het niet eens met de ander en weet dat hij gelijk krijgt bij de rechter, dan zal de mediation mislukken. Er is dan een *wegloopalternatief*. Valkuil voor de mediator is dat hij te veel wijst op datgene wat de wet zegt en daar veel informatie over geeft. Dit kan beleefd worden als partijdigheid. Als de mediator bij een burenruzie over de hoogte van een hek begint te vertellen hoe hoog het hek mag zijn volgens de wet, en daardoor een van de partijen het gelijk aan zijn kant voelt, dan geeft dat bij de ander een gevoel van partijdigheid. Om neutraal te kunnen blijven als mediator is het handiger vragen te stellen als: 'Hebt u uitgezocht wat uw rechten zijn volgens de wet? Wat zegt uw advocaat hierover?' en diezelfde vragen ook aan de ander voor te leggen. Dan nog kan het zijn dat de ander volgens de wet gelijk zou kunnen krijgen maar is het tegelijk duidelijk dat het woongenot van de een beduidend af zou nemen door verlies aan uitzicht en zonlicht en dat daardoor de relatie ernstig verstoord zou worden. Op dit vlak liggen dus belangen die dieper gaan dan de wet. Tenslotte blijf je als buren mogelijk nog jaren naast elkaar wonen. Een reden om voor mediation te kiezen is soms ook dat iets juridisch niet zo simpel ligt omdat er meerdere belangen meespelen die niet direct juridisch oplosbaar zijn.

Het referentiekader van de mediator is dus de wetgeving. Dit betekent niet dat je als mediator alle wetten en de jurisprudentie over zaken moet kennen, maar wel dat je activerende vragen moet kunnen stellen om partijen beter geïnformeerd aan tafel te hebben. Niet alleen de wet, maar ook wetenschappelijk onderzoek in de vakliteratuur kan behoren tot het referentiekader van de mediator. Bij scheiding en omgang staat specifiek de ontwikkeling van kinderen centraal. Als we kijken naar cijfers over de schade bij kinderen bij echtscheiding, dan ligt er een zware verantwoordelijkheid bij de ouders in dit proces en dient de mediator hen daarbij te begeleiden met kennis van zaken. Wederom met behoud van neutraliteit; dankzij activerende vragen, het aanreiken van onderzoeken, literatuurverwijzingen of door ouders aan te sporen deskundigen in te schakelen, kunnen beide partijen het belang van het kind en de behoeften van het kind centraal stellen en omzetten in een ouderschapsplan. Naast de rechten van het kind brengt de mediator bijvoorbeeld de theorieën over hechting ter sprake. Ook kunnen de kinderen betrokken worden bij de mediation. De mediator zal proberen de ouders zoveel mogelijk te stimuleren zelf met de kinderen te praten, uitgaande van het feit dat zij het kind het beste kennen en in de toekomst open moeten blijven staan voor de mening en behoeften van het kind. Valkuil voor de mediator in gesprekken met kinderen is dat de mediator 'de betere ouder' is maar daar verder niets mee kan aangezien mediation geen hulpverlening is. Als ouders nog te veel in het conflict blijven hangen en het kind ertussen blijft zitten of als ouders te veel in beslag genomen worden door de praktische en emotionele kanten van de scheiding, dan kan verwijzing naar hulpverlening aan te raden zijn. Ouders kunnen zelf tot de conclusie komen dat zij in deze fase tekortschieten en in de mediationovereenkomst vastleggen dat zij hulp gaan zoeken. Dat kan ook hulp uit het eigen netwerk zijn, zoals de familie. Grootouders bijvoorbeeld kunnen hun kleinkinderen veel steun bieden in deze fase. Wederom stelt de mediator in dit verband activerende vragen als: 'Zijn er mensen in de omgeving die steunbron zouden kunnen zijn als jullie beiden niet in staat zijn de kinderen op te vangen?'

4.3.5 Onderhandelingsfase

In de onderhandelingsfase worden de gemeenschappelijke belangen omgezet in oplossingen. Cliënten zijn los gekomen van de standpunten en weten goed waar het de ander om gaat. De kunst is te zorgen dat ze niet weer terugvallen. Als het conflict te veel geëscaleerd is, blijven cliënten weinig bereid naar elkaar te luisteren en zich in te leven. Als zij alleen oorlog willen en elkaar niets gunnen, dan stopt de mediation. Als een cliënt in de inventarisatiefase niet voldoende zijn verhaal heeft kunnen doen, als er nog andere zaken spelen, dan is het zaak weer terug te gaan naar die fase. Onderhandelen is dan nog niet aan de orde. De mediator blijft verbindingen zoeken, gaat destructieve communicatie tegen, geeft handvatten ter verbetering van de communicatie en blijft de partijen zo nodig corrigeren, evenals in vorige fasen.

> Ook de derde keer werken Demir en Rianne goed samen aan het ouderschapsplan. Zij maken afspraken over samen naar ouderavonden op de peuterspeelzaal (en later op de basisschool) gaan, elkaar op de hoogte houden van medi-

sche zaken, en geldzaken worden geregeld. Demir wil graag de peuterspeelzaal betalen. Rianne is daar blij om.

Af en toe gaat het weer even mis ... 'Jij denkt dat jij de baas bent, maar het is toevallig ook mijn kind!' roept Demir. De mediator legt hen uit dat een 'ik'-boodschap en een wens bij de ander beter werkt dan een verwijt. Demir kan bijvoorbeeld zeggen: 'Ik vind het moeilijk als je zo praat, ik raak geïrriteerd en boos. Ik heb dan het gevoel dat ik niet serieus genomen word als vader en dat zou ik wel graag willen.' Rianne begint het beter te begrijpen waarom Demir steeds zo boos reageert.

De mediator richt zich in de onderhandelingsfase op 'het vergroten van de taart' en zoekt met de cliënten naar win-winoplossingen. Hoe kunnen zij elkaar een zo groot mogelijk stuk van die taart (omgang, gezag, alimentatie) geven, het kind centraal blijven stellen, zonder het eigen belang te verliezen? Zij kennen de situatie, zij kennen elkaar, weten als geen ander waar zij de ander in tegemoet kunnen komen.

Demir en Rianne hebben het ouderschapsplan klaar. Demir is heel blij dat Rianne hem graag wil betrekken bij de opvoeding: later samen de schoolkeuze bepalen, samen naar ouderavonden, hem op de hoogte houden als er medisch iets is, en belangrijke besluiten samen nemen. Het is deze weken ook veel beter gegaan. Hij is daarom bereid kinderalimentatie te betalen en biedt ook aan extra uitgaven te vergoeden. Rianne vindt het goed dat Demir Erdiz twee weken meeneemt naar de familie in Turkije, met de afspraak dat hij Erdiz iedere dag even laat bellen. Het gezag en de hoogte van de kinderalimentatie zijn nog twistpunten. Rianne is bang dat Demir nu zijn best doet maar dat hij straks weer gewoon zijn eigen gang gaat en weer 'gaat lopen drammen'.

In deze fase komt wantrouwen uit een eerdere periode vaak weer naar boven. De mediator werkt met cliënten aan herstel van vertrouwen en probeert de afspraken zo te formuleren dat zij hard te maken zijn, bijvoorbeeld met behulp van het SMART-model (Specifiek, Meetbaar, Acceptabel, Realistisch, Tijdgebonden). Ook tekenen cliënten in de vaststellingsovereenkomst dat zij eventuele toekomstige conflicten eerst samen proberen op te lossen, en daarna zo nodig met een NMI-mediator.

De mediator bespreekt met Demir en Rianne de toekomst. Mogelijk kunnen zij aan het ouderschapsplan toevoegen dat zij regelmatig samen overleggen en afstemmen? Demir en Rianne knikken. Eén keer per maand lijkt hen nodig met zo'n klein kind.

Nu zij al zoveel bereikt hebben, zou het jammer zijn als de mediation toch mislukt en zij alsnog naar de rechter terug moeten. Demir heeft in het ouderschapsplan eigenlijk alles gekregen wat hij juridisch zou hebben als hij het gezag had. De vraag is of het gezag nog zo dringend voor hem is. Rianne heeft nu duidelijke afspraken met Demir. Hij heeft beloofd zich daaraan te houden. De laatste weken gaat het heel goed. Ze weet dat zij weer contact op kan nemen met de mediator als hij zich niet aan afspraken houdt en zij er samen niet uitkomen. Heeft zij er nu nog problemen mee hem toestemming te geven het gezag aan te vragen?

De mediator vraagt hen nog een keer met de advocaten te overleggen. Zij zal de vaststellingsovereenkomst, met aangehecht het ouderschapsplan, in concept klaarmaken. Demir en Rianne sturen dat dan door naar de advocaten en vragen advies, ook over de kinderalimentatie. Demir sputtert nog wat over zijn lage inkomen maar Rianne weet wel beter: 'Alles wat jij er nog eens zwart bij doet!' Demir roept dat hij toch het gezag krijgt van de rechter. Zijn advocate is daarvan overtuigd.

4.3.6 Afrondingsfase

In deze, maar ook in eerdere fasen, is het voor cliënten goed te weten wat het al eerder genoemde wegloopalternatief is. Wat als ze er niet uitkomen? Wat als een van beiden de mediation stopt? Als een cliënt weet dat er elders meer winst te halen is dan met datgene wat er in de vaststellingsovereenkomst zal komen te staan, dan zal hij of zij afhaken. De mediator confronteert een van de partijen daar wel eens mee als de mediation vast dreigt te lopen. Soms door hem of haar even apart te nemen, met als doel het proces weer vlot te trekken.

Vierde en laatste bijeenkomst

De mediator is benieuwd. Nooit te vroeg juichen! Soms denk je dat het allemaal gelukt is en dan kun je weer van voren af aan beginnen. De bel gaat en Demir en Rianne komen samen binnen. Ze zijn wat lacherig en blijken de afgelopen week enkele keren contact gehad te hebben. Rianne vertelt dat ze bij haar vriend weg is en met Erdiz nu bij haar vader ingetrokken is. Zowel zij als Demir heeft contact gehad met hun advocaat en Rianne vertelt dat ze het gezag wil delen met Demir. Demir is bereid €125,- per maand te betalen, en hij wil zelf de peuterspeelzaal betalen. Rianne vindt het prima. De mediator maakt de stukken klaar: het ouderschapsplan en de vaststellingsovereenkomst.

Zoals eerder al is vermeld, wordt een mediation afgesloten met een vaststellingsovereenkomst die door de partijen getekend wordt. De mediator zelf tekent niet, aangezien het afspraken zijn tussen de partijen. In de overeenkomst staat de omschrijving van het geschil en het resultaat van de mediation. Ook tekenen partijen dat, als zij weer in conflict komen en er samen niet uitkomen, zij eerst naar een NMI-geregistreerde mediator gaan en pas als zij er daar niet uitkomen naar de rechter. De inhoud van de vaststellingsovereenkomst mag naar buiten gebracht worden en worden gebruikt, in tegenstelling tot wat in de mediationgesprekken gezegd is, of wat er aan correspondentie ligt.

Rianne en Demir tekenen alle stukken. Ook vullen zij de evaluatie in. Zij geven beiden aan heel tevreden te zijn over de mediation en de mediator. 'Wij waren er samen nooit uitgekomen,' aldus Demir. Hij geeft Rianne een dikke zoen waar zij van gaat blozen. De mediator zal de stukken opsturen naar de rechtbank waar Demir en Rianne nu niet meer naartoe hoeven.
Als zij vertrokken zijn, geniet de mediator nog even na. 'Wat een leuk vak heb ik toch!'
Jammer genoeg is er niet altijd zo'n happy end ...

4.4 Effecten en voorwaarden van mediation

4.4.1 Slagingspercentage bij mediation

Niet elke mediation leidt naar succes. Volgens de laatste cijfers en trends, zowel van het Nederlands Mediation Instituut als van het ministerie van Justitie dat de registraties bijhoudt van de verwijzingen via rechtbank en juridische loketten, ligt het slagingspercentage rond de 71%. Daarnaast is er in 11% van de gevallen gedeeltelijke overeenstemming. In 18% van de zaken is er geen overeenstemming. Toch is de ervaring van rechters en advocaten dat deze zaken vaak in de rechtbank sneller tot een oplossing komen dan wanneer er geen mediation was geweest. Kennelijk zijn partijen beter in staat een conflict af te sluiten als ze elkaars emoties en belangen kennen.

4.4.2 Meer voordelen dan nadelen

Meestal is er binnen twee weken een afspraak met een mediator en partijen. Gemiddeld in 70 dagen kan de mediation afgerond zijn. 25% is binnen 5 uur afgerond, 35% binnen 5 tot 10 uur. Wanneer er veel geregeld moet worden, zoals bijvoorbeeld bij een echtscheiding, kan het langer duren. Ook kan het nodig zijn voor het emotionele proces de tijd te nemen. Sommige mediations waarin snelheid geboden is, duren een hele dag, zoals eerder al aan de orde kwam, bijvoorbeeld in het bedrijfsleven waar een snelle oplossing belangrijk is om een product in de markt te zetten of als het gevaar dreigt van negatieve publiciteit. Zou men het conflict niet met mediation oplossen maar via de rechter, dan duurt het beduidend langer.

Een nadeel is dat partijen alsnog de gang naar de rechter moeten maken als de mediation mislukt.

4.4.3 Indicaties en contra-indicaties

Bij mediation is het belangrijk is dat partijen uit het conflict willen komen en daar ook persoonlijk toe in staat zijn. Zij moeten zelf dingen kunnen verwoorden, ze moeten de ander kunnen horen en begrijpen. Als één of beide partijen uit een cultuur komt of komen waarin anderen de beslissing nemen en de eigen mening niet telt, dan wordt mediation ook lastig. Met een tolk, met respect voor de hiërarchie en door steunbronnen bij het proces te betrekken, valt er nog veel te winnen in mediation maar er moet een machtsevenwicht zijn, dat is een voorwaarde. Zo kan een zwaar depressieve of hersenbeschadigde partij een hulpverlener meenemen.

Als het tussen cliënten te veel uit de hand is gelopen, als er te veel schade is aangericht en men alleen de ander nog maar kapot wil maken, dan is mediation geen optie meer (zie ook paragraaf 4.6).

Indicaties
Mediation kan worden aangewend voor alle conflicten waarvoor geen contra-indicaties zijn. Alle conflicten kunnen dus in principe met mediation worden opgelost. Belangrijke vragen in dit verband zijn: is er voldoende onderhandelingsbereidheid en is er voldoende onderhandelingsruimte?

Contra-indicaties
Als er geen enkele onderhandelingsruimte is en het conflict zo ver geëscaleerd is dat de een er alleen nog maar uit is de ander kapot te maken, zelfs als dat ten koste van hem- of haarzelf gaat, dan werkt mediation niet. Dan kan een rechter beter een uitspraak doen.

Als er een eerdere mislukte poging tot mediation is geweest, of als er sprake is van ernstige psychopathologie of verslavingen, dan wordt het ook moeizaam. Dat vraagt in ieder geval een goed opgeleide mediator die een inschatting kan maken van de kans op succes. Verder verhoogt een (te) grote machtsongelijkheid het risico dat de mediator een partij gaat steunen en dus niet meer onpartijdig is. Ook zijn er partijen met een culturele achtergrond waar mediation niet past omdat de betrokkenen niet gewend zijn voor hun mening uit te komen en eigen standpunten te uiten.

4.4.4 Competentie van de mediator
Een andere belangrijke voorwaarde voor het doen slagen van een mediation is de competentie van de mediator. Wat moet een mediator kennen en kunnen? Een mediator moet *kennis* hebben van het mediationproces en het juridisch kader. Kennis van communicatie, conflicten en conflicthantering is belangrijk. Wat zijn *vaardigheden* betreft: de mediator *moet* de communicatietheorieën in kunnen zetten middels strategische interventies. Hij moet het proces bewaken, methodisch kunnen werken en de mediation kunnen organiseren, zo nodig onderbouwd met heldere rapportage. De *houding* van de mediator moet open zijn, empathisch, assertief, neutraal/onpartijdig, onafhankelijk, ongebonden, vertrouwenwekkend, voortvarend, respectvol, evenwichtig, integer en flexibel.

Al eerder is in dit hoofdstuk het dilemma geschetst van de achtergrond van de mediator. De basisopleiding tot mediator is erg kort, meestal ongeveer tien lesdagen met veel zelfstudie, uitgaande van een stevige basis qua opleiding en ervaring vanuit een ander beroep. Die basis bepaalt voor een groot deel de competentie van de mediator. Daarnaast is scholing, het behalen van punten in het kader van de Permanente Educatie, verplicht. Ook is er een kennis- en vaardighedentoets om gecertificeerd mediator te kunnen worden. In de kennistoets wordt men bevraagd op de formele en juridische kaders van mediation en op de hele methodiek. In de vaardighedentoets laat de mediator zijn competenties zien in een rollenspel met acteurs.

In eerste instantie is goed kunnen analyseren een belangrijke competentie, behorend bij ten minste hbo-niveau. Wat is precies het conflict, wat is de dynamiek, wat moet er gebeuren? De mediator voegt snel in, weet zijn neutraliteit te bewaren. Evenals in de hulpverlening is het een voorwaarde dat de mediator goed om kan gaan met overdracht en tegenoverdracht; hij moet herkennen wanneer zijn eigen verleden, zijn eigen behoeften en weerstanden, meespelen in zijn contact met de cliënten. Hij moet ook om kunnen gaan met partijen in conflict, waarbij meestal niet de mooiste kanten van mensen naar boven komen. Hij moet rustig blijven maar ook op kunnen treden als de boosheid te groot wordt en strategisch manoeuvreren. Zeker bij echtscheidingen waar de heftigheid van liefde omslaat in haat en ook nog kinderen in het spel zijn, kan het extra zwaar zijn voor de mediator. Hij moet steeds voldoende afstand kunnen houden en toch betrokken blijven, respectvol en begrijpend. Levenswijsheid, een bepaalde leeftijd hebben bereikt – de jonge natuurtalenten daar gelaten – zijn belangrijke voorwaarden om het vak goed uit te kunnen oefenen.

4.5 Toekomstmuziek

Toen ik zelf tien jaar geleden gevraagd werd de Mediationopleiding te gaan doen, reageerde ik vrij arrogant. Als systeemtherapeut deed ik al jaren scheidingsbemiddelingen en bemiddelingen bij conflicten. Toen ik echter de theorie en vaardigheden begon toe te passen in de praktijk, was ik verbaasd over de snelheid waarmee je mensen uit het conflict kunt trekken en naar oplossingen kunt krijgen, gewoon door stevig de structuur en de fasering aan te houden.

Ik was gewend veel langer, veel meer gericht op emoties, met cliënten te werken. In plaats van 'diepe doorwerking' ben ik nu gericht op het aantippen van emoties, voor zover zij mensen blokkeren om tot oplossingen te komen. Gehoord worden door de ander, erkenning krijgen voor het aangedane leed is dan al voldoende. Mijn eigen achtergrond geeft mij een rijke schakering aan technieken en strategieën. Mijn ervaring als trainer kan ik inzetten als ik met grotere groepen mediations doe.

Een ontzettend leuk vak dus. Heel divers maar ook nog erg in ontwikkeling. De verschillende bloedgroepen – advocatuur, sociaalagogen, mediators uit het bedrijfsleven – zullen nog meer met elkaar samen moeten gaan werken om het vak goed neer te kunnen zetten. Voor mij heeft dit geresulteerd in het opzetten van een Mediationhuis waarin ik met collega's met een heel andere achtergrond mediations doe. Bij juridische aspecten kan ik nu mijn collega-advocaat raadplegen.

Een ander aspect is de specialisatie. Er zijn zoveel verschillende terreinen waar mediation uitgevoerd wordt. De vraag is hoeveel inhoudsdeskundigheid de mediator moet hebben. Er gaan stemmen op een specialisatie te maken op het terrein van Family Mediation. Het werken met families, bij echtscheidingen en met kinderen vraagt specifieke kennis en kunde. Toen ik vorig jaar in Australië was, had men net in alle regio's familie-instituten opgericht waar ouders verplicht heen moeten bij een voorgenomen echtscheiding. Daar wordt gekeken of partnerrelatietherapie nog zin heeft. Zo niet, dan volgt mediation, een advocaat voor het kind, een speltherapeut voor het kind, en ouderbegeleiding bij de scheiding. De Australische regering vindt dat zij verantwoordelijkheid heeft vanuit het tekenen van de Verklaring van de Rechten van het Kind. In Nederland is dit paternalisme ons vreemd, hoewel ook wij een ouderschapsplan bij scheiding verplichten als er minderjarige kinderen zijn. Zelf geloof ik wel dat er nog veel te verbeteren is waar het gaat om het aanbod, het overzicht en de kwaliteit van mediation in Nederland.

Reflectievragen

1 Ben je zelf wel eens bij een conflict betrokken geweest? Of kun je een conflict bedenken? Zou mediation voor dat conflict ingezet kunnen worden?
2 Benoem de zes fasen van mediation die in dit hoofdstuk worden onderscheiden. Kun je deze fasen in verband brengen met het conflict waar je zelf bij betrokken bent geweest?
3 In de inventarisatiefase probeert de mediator te achterhalen wat het conflict betekent voor beide partijen. De mediator vraagt naar emoties. Mediation is echter geen therapie: emoties worden wel benoemd maar niet uitgediept. Hoe zou jij – als mediator – daarin een goede balans zoeken?
4 Bij mediation zijn twee partijen betrokken die niet altijd even sterk zijn. Zo kan de ene partij verbaal sterker zijn dan de andere partij. Hoe zou jij daar als mediator mee omgaan?
5 In het hoofdstuk wordt een onderscheid gemaakt tussen standpunten en belangen. Kun je in je eigen woorden aangeven wat het verschil is? Kun je een voorbeeld geven van wat in een conflict een standpunt en een belang kan zijn?

6 Een belangrijke competentie van de mediator is dat deze op onafhankelijke, neutrale wijze kan bemiddelen bij conflicten. Maar kun je als mediator wel altijd neutraal zijn? Hoe zou jij je neutraliteit proberen te bewaren als je bemiddelt bij conflicten die jou persoonlijk raken? Hoe ga je om met je sympathieën en antipathieën voor een bepaalde partij, of met je opvattingen over wat rechtvaardig is?

5 Rehabilitatie

Betekenisgevend handelen in de langdurige zorg vanuit de rehabilitatie- en supportbenadering

door Dirk den Hollander en Jean Pierre Wilken

Dirk den Hollander is hoofdopleider bij het Centrum Opleidingen Langdurige en Complexe Zorg van de RINO Groep. Jean Pierre Wilken is lector Participatie, Zorg en Ondersteuning bij de Hogeschool Utrecht. Hij werd opgeleid als andragoog en psycholoog.
Dirk den Hollander en Jean Pierre Wilken hebben beiden jarenlang gewerkt in de praktijk van de langdurige zorg, en behoren tot de pioniers van de rehabilitatiebeweging in Nederland. Zij zijn de grondleggers van de integrale rehabilitatiebenadering en de daarop gebaseerde methodiek die in dit hoofdstuk beschreven wordt.

5.1 Inleiding: Systematisch Rehabilitatiegericht Handelen

Situatiebeschrijving 1: Klaas en Lars
Klaas is een boerenzoon. Hij heeft tot zijn 22e op de boerderij van zijn ouders gewoond en gewerkt. Hij was een stille jongen maar een harde werker en hij hield van buiten werken. Niets was hem te veel.
Toen hij 22 was, kreeg Klaas last van waanideeën en hoorde hij stemmen die hem uitscholden en kleineerden. Klaas werd ontzettend achterdochtig en betrok iedereen uit zijn omgeving in zijn wanen. Hij werd opgenomen in een psychiatrisch ziekenhuis; nu is hij 35 en woont hij er nog. Joop is de persoonlijke begeleider van Klaas. Het is hem gelukt om voor Klaas een vrijwilligersbaan te regelen naar de persoonlijke voorkeuren van Klaas. In de buurt is een natuurcamping. De campingbeheerder, Lars, is bereid om Klaas werk te geven op zijn camping. Er wordt gewerkt vanuit idealen: het is een ecologische camping. Dat betekent onder andere dat er zorgvuldig met energie wordt omgesprongen en verantwoord wordt omgegaan met bijvoorbeeld schoonmaakproducten. Klaas houdt erg van de natuur en het is voor hem logisch om daar goed mee om te gaan. Wel twijfelt hij heel erg of hij het allemaal nog kan: hij heeft dertien jaar

niet meer gewerkt. Vanaf de eerste dag hanteert Lars de volgende benadering: we gaan ervan uit dat je alles aan kunt pakken en als iets niet lukt, passen we de werkzaamheden wel aan. Deze benadering werkt: Klaas blijkt bijvoorbeeld goed in klussen waarin hard en lang gewerkt wordt: de grond omspitten en bomen rooien zijn z'n favoriete activiteiten. Meer moeite heeft hij met activiteiten waar fijnere motoriek voor nodig is: stekjes planten en kleine reparaties gaan hem niet goed af. Zo wordt in de loop van de tijd duidelijk hoe het werk van Klaas er het beste uit kan zien. Iedereen is tevreden. Lars verwoordde het als volgt: 'Klaas produceert drie uur werk per dag, dat kost mij twee uur begeleiding. Maar dat is nog altijd één uur winst. En ik vind het fijn om iets te doen wat echt zinvol is'. Klaas praat niet over hoe hij het werk ervaart. Tot er op een dag een ram in de sloot terechtkomt. Het dier kan er zelf niet uit, maar met veel moeite en vereende krachten weten Lars en Klaas het beest op het droge te krijgen. 'Kijk, daar doe je het nou voor', zegt Klaas met een brede grijns.

Joop, de hulpverlener in het bovenstaande voorbeeld, is geschoold in de methodiek van het Systematisch Rehabilitatiegericht Handelen (SRH) (Wilken & Den Hollander, 1999). In de verstandelijk gehandicaptenzorg en de ouderenzorg wordt deze methodiek Systematisch Supportgericht Handelen (SSH) genoemd. De methodiek is in Nederland ontwikkeld op basis van een integratie van theorieën en praktijken in binnen- en buitenland, en in verschillende studies onderzocht (o.a. Pols, 2003, 2004, Van de Voorde e.a. 2003, Wilken & Duurkoop, 2002; Wilken, 2003; Van Wijngaarden & Wilken, 2008). In Nederland maken duizenden professionals gebruik van SRH/SSH. Daarnaast wordt de methodiek gebruikt in een aantal andere landen, zoals België, Denemarken, Estland en Tsjechië (Wilken & Den Hollander, 2005). Scholing in SRH/SSH wordt verzorgd door het Centrum Opleidingen Langdurige & Complexe Zorg van de RINO Groep in Utrecht.

Rehabilitatie en Support zijn manieren van werken die ontwikkeld zijn om cliënten met langdurige aandoeningen en beperkingen te ondersteunen (zie o.a. Bassant, 2003; Korevaar en Droes, 2008; Steman & Van Gennep, 1996). De ondersteuning is gericht op dat wat cliënten zelf met hun leven willen. Soms hebben cliënten hun hele leven al te kampen met beperkingen, bijvoorbeeld als gevolg van lichamelijke, verstandelijke beperkingen, of autisme. Soms zijn er later in het leven ziektes gekomen, is men verslaafd geraakt of heeft men te maken gekregen met bijzonder ingrijpende gebeurtenissen. In alle gevallen zijn er levenswensen die niet vervuld kunnen worden, waarbij nog de verlieservaringen komen die het leven met ziekte en beperkingen met zich mee brengt.

Het verhaal van Klaas laat zien dat zijn levenskwaliteit is toegenomen omdat hij voor hem zinvolle activiteiten kan uitvoeren: wat hij doet dat doet ertoe, dus hij telt mee. Er is sprake van een nieuwe zingeving voor Klaas: 'Daar doe je het voor'.

Ook de omgeving (Lars, zijn baas) ervaart de begeleiding als zinvol én zingevend. Het werken met SRH/SSH houdt in dat je als hulpverlener duidelijk probeert te krijgen hoe de cliënt de kwaliteit van zijn leven ervaart (betekenisgeving) en samen met hem of haar zoekt naar zingevende activiteiten hierbij. De doelen waaraan zo wordt gewerkt, zijn dus 'zingevende doelen'.

Bij sommige cliënten, bijvoorbeeld mensen die aan een ernstige vorm van alzheimer lijden, komen we er in het 'nu' niet altijd meer achter wat voor de betrokkene betekenis heeft. Dan kunnen we het er altijd nog over hebben met naastbetrokkenen, vrienden en begeleiders, mensen die de cliënt ook van vroeger kennen.

5.2 Betekenisgeving: krachten, participatie en persoonlijke voorkeuren

Kwaliteit van leven heeft te maken met zin- en betekenisgeving: het zijn mensen, omgevingen, activiteiten en dingen die ons leven zin geven en het waard maken om te leven. Veel, zo niet alle levenswensen van cliënten, hebben te maken met het gewone leven en de gewone rollen die ze daarin vervullen, net als ieder van ons: familielid zijn, vriend, groepsgenoot, buurtgenoot, lotgenoot enzovoort. Participatie betekent dan ook concreet: gewone gewenste sociale rollen kunnen vervullen. Dát geeft zin aan ieders leven.

Kwaliteit van leven en zingeving zijn erg persoonlijke begrippen. Zo wordt de kwaliteit van je leven bijvoorbeeld sterk bepaald door de plek waar je woont en de mensen met wie je woont. Neem bijvoorbeeld Pieter die in Helmond woont, dicht bij het station en het winkelcentrum. Er is een wandelgebied in de buurt waar hij kan joggen en met zijn hond kan wandelen. Nu besluit de gemeente Helmond in haar wijsheid dat er over een aantal jaren een weg komt te lopen op de plaats waar nu nog zijn huis staat. Hij ontleent zin aan het wonen met zijn vrouw op een plek waar hij al lange tijd woont en zich erg thuis voelt. Zijn vrouw en hij moeten dus een nieuwe woonomgeving vinden binnen Helmond, en liefst een die voldoet aan hun persoonlijke voorkeuren: in het centrum, dicht bij het station en bij een wandelgebied.

Hier hebben we een belangrijk kernpunt van SRH/SSH te pakken: we zijn er als hulpverlener op gericht erachter te komen wat de persoonlijke voorkeuren van onze cliënten zijn met betrekking tot de kwaliteit van leven. En het gaat daarbij om verschillende levensgebieden, zoals wonen, een leuke vrijetijdsbesteding of werk, of iets leren.

Het is niet altijd makkelijk om achter iemands voorkeuren te komen. Soms hebben cliënten het afgeleerd om belangrijke levenswensen te koesteren. Anderen zijn niet of moeilijk in staat om erover te praten of willen dat niet. In de kern hebben veel wensen te maken met participatie: mens onder de mensen zijn, deelnemen aan zinvolle gebeurtenissen met andere mensen. Ook dit is natuurlijk voor ieder mens anders, dus ook dit vraagt om een geduldig zoeken.

Daarbij zoeken we vooral naar krachten: krachten waarover de cliënt beschikt (of beschikte), en krachten uit de sociale omgeving. Ieder mens heeft krachten: kernkwaliteiten, talenten en vaardigheden, interesses en aspiraties, ervaringen en opvattingen over zichzelf en de wereld. En de sociale omgeving van onze cliënten bevat ook veel krachten waar iemand gebruik van kan maken. Om hiermee te werken moeten we een typisch Nederlands gezegde omdraaien: 'eerst geloven, dan zien' in plaats van 'eerst zien, dan geloven'. En onze nationale filosoof Johan Cruijff voegt eraan toe: je ziet het pas als je het doorhebt. Methodisch werken volgens de principes van SRH/SSH helpt ons deze krachten te zien én te benutten.

5.3 De zoektocht naar kwaliteit van leven: zoeken, kiezen, krijgen en vasthouden

Het ondersteunen van de cliënt bij levenswensen kan voorgesteld worden als een reis. Een reis die gezamenlijk ondernomen wordt door de cliënt, het netwerk van de cliënt en zijn begeleider(s). Met de term 'begeleider' doelen we op eenieder die als sociale professional een directe hulpverlenings- of dienstverleningsrelatie heeft met de cliënt. Met 'persoonlijk begeleider' doelen we op die professionals die tot taak hebben persoonlijke ondersteuning aan de cliënt te bieden en verantwoordelijk zijn voor de kwaliteit van de hulp- of dienstverlening. Dikwijls hebben zij ook een plannings- en coördinatietaak. Hoewel er meestal één en soms twee persoonlijk begeleiders zijn, is er altijd een team dat de reisgenoten ondersteunt bij het plannen en uitvoeren van de reis. Het reisdoel is: kwaliteit van leven zoals de cliënt deze voor ogen heeft met de daarbij horende rollen en activiteiten.

Het eerste deel van de reis bestaat vooral uit zoeken: waar gaan we naartoe, wat is een zingevend levensdoel. Meestal ontvouwen zich meerdere mogelijkheden waar de cliënt uit kan kiezen. Als de cliënt zijn persoonlijke voorkeuren duidelijk heeft, legt hij ze naast de mogelijkheden die er in de omgeving zijn. Denk aan het eerder genoemde voorbeeld van Pieter in Helmond. Hij wil in het centrum wonen, dicht bij een station en een park om met zijn hond te wandelen. Als deze combinatie van mogelijkheden niet bestaat, zal hij moeten bepalen of hij liever dicht bij een station woont, of bij een park. Hij moet dus kiezen. Maar dan is hij er nog niet. Hij heeft nu wel een doel maar er moet nog wel het een en ander gebeuren om daar ook te komen. Een methodiek helpt ons bij het zoeken, kiezen, krijgen en vasthouden, bijvoorbeeld door een volgorde aan te geven. Zo beginnen we niet met het zoeken naar problemen maar zoeken we naar mogelijkheden waaruit we doelen halen. Doelen zijn wenselijke situaties waar we naartoe werken. Dit is een moderne manier van werken die je ook tegenkomt in bijvoorbeeld psychotherapie en coaching: je begint niet met een uitgebreide analyse van allerlei problemen;

dat is niet nodig en leidt maar af. Beter is het om te beginnen met het beschrijven van de situatie die je wilt bereiken en daar dan aan te gaan werken.

Situatiebeschrijving 2: mevrouw Arnold en Winston

Mevrouw Arnold is 47 jaar en woont al vijftien jaar in een gezinsvervangend tehuis (GVT) voor mensen met verstandelijke beperkingen. Haar moeder is overleden, haar vader is nu 76 jaar. Verder heeft ze een vijf jaar jongere zus met wie ze vroeger veel optrok, maar het contact is nu verbroken. Mevrouw Arnold kan slecht tegen onverwachte zaken en tijdsdruk. Wanneer de druk haar te groot wordt, voert ze de hele dag allerlei dwanghandelingen uit: dingen uit de kast halen en weer terugzetten, naar buiten lopen en weer naar binnen komen, ramen open- en dichtdoen enzovoort. Ze wil graag in een van de nieuwe appartementen in de stad wonen: hier woont ze wel op zichzelf maar met begeleiding vanuit de instelling. Praten over deze woningen vindt ze fijn maar dat levert haar tegelijk veel stress op. Ook zou zij wel helemaal zelfstandig willen wonen, maar dan bijvoorbeeld met anderen samen.

Begeleider Winston wil haar ondersteunen bij het realiseren van haar wens. Hij begint met uit te leggen dat hij mevrouw Arnold hierbij wil helpen maar dat ze altijd weer terug kan naar het GVT. Daarna stelt hij voor om de vader van mevrouw Arnold bij de situatie te betrekken. Zo neemt hij diverse vragenlijsten met mevrouw Arnold en haar vader door. Dit is een hulpmiddel om bepaalde zaken in beeld te brengen, zoals de mogelijkheden en belemmeringen van mevrouw Arnold, en die van de gewenste omgeving (het appartement).

Door deze benadering raakt haar vader ervan overtuigd dat Winston de zaken grondig aanpakt en ook zijn bezwaren serieus neemt. In overleg met vader worden stappen gezet om het contact met de zus weer te herstellen. Uiteindelijk lukt dit en mevrouw Arnold is daar duidelijk heel blij mee. Zij oefent nu minder druk uit op Winston om dingen in werking te zetten. Het feit dat zij weet dat haar wens serieus genomen wordt, blijkt erg belangrijk; ook het feit dat zij nu weet dat ze altijd weer terug kan naar het GVT geeft haar voldoende basisveiligheid. In een rustig tempo gaan ze aan het werk en mevrouw Arnold neemt uiteindelijk het besluit dat zij naar het appartement wil. Een jaar later verhuist zij ernaartoe.

De begeleider zoekt naar antwoorden op vragen als: ben je tevreden over je leven, wat wil je zo houden, wat wil je veranderen en hoe kunnen we hier samen naartoe werken? Hij gaat hierbij dus uit van het gezichtspunt van de cliënt en diens ervaringen. In gewoon Nederlands: het gaat over een gelukkig leven. Wat is er voor nodig om (een beetje) gelukkiger te worden of om die dingen vast te houden waar je gelukkig van wordt? Geluk is natuurlijk voor iedereen iets anders: iedereen heeft zijn eigen betekenisgeving en persoonlijke voorkeuren, zoals we eerder al hebben geconstateerd.

Het is niet altijd zo duidelijk op welke fronten iemand zijn levenskwaliteit nog kan verbeteren, dat moet vaak nog worden uitgezocht. Om de zoektocht overzichtelijk te maken verdelen we het leven in levensdomeinen: wonen, werken, leren en vrijetijdsbesteding. Ook willen we weten wat onze cliënt belangrijk vindt binnen persoonlijke domeinen: zingeving, gezondheid, sociale relaties en zelfzorg. En waar we concreet naar zoeken zijn de domeinen die voor de kwaliteit van bestaan van de cliënt belangrijk zijn. Schalock en Verdugo (2002) noemen de volgende terreinen: emotioneel welzijn, interpersoonlijke relaties, materieel welzijn, persoonlijke ontwikkeling, fysiek welzijn, zelfbepaling, inclusie en rechten. Dit zoeken doen we samen. Met samen bedoelen we hier: de cliënt, zijn netwerk en hulpverleners. Het zoeken gaat soms in vraag-en-antwoordvorm. Maar vaker nog door samen dingen te doen, door ergens te gaan kijken, door gewoon eens iets uit te proberen. Vervolgens wordt geëvalueerd wat de resultaten zijn, en daarna kan het zoeken op basis hiervan worden verbeterd.

Het voorbeeld van mevrouw Arnold laat zien dat het soms verstandig kan zijn om eerst te werken aan het sociale netwerk van de cliënt: zo kan er een steunsysteem ontstaan dat veel sterker is dan het hulpverleningssysteem alleen.

SRH/SSH houdt dus lang niet altijd in: 'praten met de cliënt', het is ook en vooral veel samen doen. En de beste gesprekken vinden vaak plaats buiten officiële gesprekskamers, en de meeste informatie krijg je als hulpverlener door samen ergens naartoe te gaan of iets te doen.

Soms lukt het niet om er via de cliënt zelf achter te komen wat hij of zij belangrijk vindt. We hebben al wat redenen genoemd: dit kan te maken hebben met ernstige (communicatieve) beperkingen, of met slechte ervaringen van de cliënt met hulpverleners. Er is lang niet altijd genoeg vertrouwen en veiligheid. De hulpverlener zoekt dan samen met de naastbetrokkenen van de cliënt: familie, vrienden enzovoort.

Situatiebeschrijving 3: meneer Watersloot en Agnes

Meneer Watersloot is 88 jaar en woont al enkele jaren in een psychogeriatrisch verpleeghuis. Ten gevolge van een dementeringsproces ligt hij de hele dag in bed. Het is niet meer mogelijk om verbaal met hem te communiceren. Hij stoot zo nu en dan onduidelijke klanken uit en kan een enkele keer heel hard schreeuwen zonder duidelijk waarneembare aanleiding. Zijn vrouw komt hem elke dag opzoeken, meestal samen met één van hun vier kinderen.

Zijn persoonlijke begeleidster, Agnes, heeft de hulp van de familie ingeroepen bij het zoeken naar dingen waarmee meneer Watersloot nog een plezier gedaan zou kunnen worden. Dit levert de volgende informatie op: meneer Watersloot at elke zaterdag een nieuwe haring op de markt, 's avonds luisterde hij regelmatig naar klassieke muziek (Brahms, Bach en Beethoven), hij las altijd graag Nederlandse romans (vooral Vestdijk en Wolkers) en hij is gek van FC Utrecht. Agnes neemt deze zaken op in haar belevingsgerichte zorgplan. Er wordt op

zijn tijd voor een harinkje gezorgd, er wordt muziek voor hem afgespeeld, soms aan het bed, ook wel eens in de speciale snoezelruimte die het verpleeghuis heeft, en er wordt door verzorgenden voorgelezen: zijn favoriete passages uit zijn favoriete boeken. Tijdens de verzorging op maandagmorgen krijgt hij het wedstrijdresultaat van FC Utrecht te horen.
Volgens vrouw en kinderen reageert meneer Watersloot goed op vooral de haring en de muziek: zij zien aan hem dat hij dit prettig vindt.

Met het verhaal uit dit bovenstaande voorbeeld raken we een belangrijk uitgangspunt bij SRH/SSH: de samenwerking met de belangrijke anderen. Deze samenwerking gaat veel verder dan het inroepen van hulp als iemand er zelf niet meer uitkomt. Uitgangspunt is nu juist dat de begeleider het natuurlijke netwerk rond de cliënt ondersteunt en verder ontwikkelt. Hulpverleners zijn vaak voorbijgangers in het leven van de cliënt; familie en vrienden kunnen een permanente ondersteuning bieden. Detlev Petry (2005) spreekt in dit verband van de triade. Hieronder verstaat hij het samenwerkingsverband tussen cliënten, hun naastbetrokkenen en de begeleiders.

De methodiek van het Systematisch Rehabilitatiegericht Handelen/ Supportgericht Handelen

De methodiek van het Systematisch Rehabilitatiegericht Handelen/Supportgericht Handelen kent de volgende fasen. Bij iedere fase staan enkele kernbegrippen vermeld.

1. Een samenwerkingsrelatie opbouwen
   Kernbegrippen: presentie, persoonlijke ontmoeting, wederzijdse kennismaking, aandacht, vertrouwen; leren kennen van het levensverhaal, de huidige levenssituatie en de betekenis die de betrokkene hieraan geeft.

2. Informatie verzamelen
   Kernbegrippen: leren kennen van wensen en persoonlijke voorkeuren; in beeld brengen van persoonlijke mogelijkheden (krachten, talenten, vaardigheden) en beperkingen (kwetsbaarheid) op basis van vroegere en huidige ervaringen; in beeld brengen van omgevingskenmerken (mogelijkheden, voorwaarden, beperkingen, voor- en nadelen).

3. Keuzes maken
   Kernbegrippen: cliënt helpen keuzes te maken en doel(en) te formuleren.

> 4. Een plan maken
>   Kernbegrippen: cliënt helpen persoonlijk (toekomst)plan te maken, ondersteuningsplan maken.
>
> 5. Uitvoering van het plan
>   Kernbegrippen: samenwerken in de triade. Focus op individuele ontwikkeling en optimalisering van de omgeving inclusief de kwaliteit van het sociale netwerk.
>
> 6. Evaluatie en bijstelling
>   Kernbegrippen: gedurende alle fasen toetsen of het proces naar wens verloopt, dan wel bijgesteld dient te worden.
>
> SRH/SSH sluit nauw aan bij de fasen van een herstel- of ontwikkelingsproces. Dit proces bestaat uit stabilisatie, heroriëntatie en re-integratie. Bij stabilisatie ligt het accent op het zo goed mogelijk leren omgaan met de psychosociale kwetsbaarheid. In de heroriëntatiefase wordt stilgestaan bij ervaringen uit het verleden en het heden. De balans van mogelijkheden en beperkingen wordt opgemaakt. Er worden wensen en doelen geformuleerd met betrekking tot de toekomst. In de re-integratiefase worden stappen gezet om deze doelen te realiseren.

5.4 SRH/SSH is werken aan participatie

Een ander belangrijk uitgangspunt van SRH/SSH vinden we in het begrip 'participatie' dat in paragraaf 5.2 al even aan de orde kwam: meedoen. Participatie drukt zich uit in het vervullen van zelfgekozen rollen (familielid, vriend, enzovoort). Cliënten hebben gewone levenswensen zoals alle andere mensen: een leuke woonplaats, een lieve partner, een fijne vrijetijdsbesteding enzovoort. In deze wensen klinkt de behoefte door om net als alle anderen te kunnen deelnemen aan de samenleving. Daarbij beseffen we als hulpverleners dat onze samenleving daar lang niet altijd voor openstaat. Hoewel er een kentering merkbaar is, wordt onze samenleving nog steeds gekenmerkt door het feit dat 'het individu' belangrijker is dan 'wij samen'. Wanneer je succes hebt, dan heb je het gemaakt want je bent verantwoordelijk voor je eigen succes. Maar als je geen succes hebt, wordt je daar ook op afgerekend en verantwoordelijk gesteld voor je mislukkingen en tegenslagen. Rapp spreekt in dit verband van mentalisme (Rapp & Goscha, 2006). Mentalisme verwijst naar de neiging om al het gedrag van iemand met een psychiatrische aandoening te verklaren als een gevolg van die aandoening zelf. In de praktijk komt het er dan op neer dat al het gedrag van de cliënt verklaard wordt als zijnde een symptoom van een ziekte. Chamberlain (1978) noemt dit '*blaming the victim*': het slachtoffer van de aandoening krijgt de schuld van het hebben van de aandoening. Dus gedragingen als passiviteit, agressie en een slechte zelfverzorging krijgen betekenis binnen een ziekte of aandoening, terwijl ook heel andere verklaringen mogelijk zijn. Chamberlain stelt mentalisme op één lijn met racisme en seksisme.

Mentalisme leidt tot stigmatisering en uitstotingsreacties waaraan een diversiteit van mensen wordt blootgesteld, niet alleen mensen met psychiatrische aandoeningen, maar ook mensen met lichamelijke of verstandelijke beperkingen, dak- en thuislozen, mensen met een delictgeschiedenis of asielzoekers.

We zien rehabilitatie dan ook als een 'beweging van sociale actie', een beweging die werkt aan een samenleving die gevarieerd is en mogelijkheden biedt voor deelname aan en betrokkenheid bij de eigen leefomgeving. Alle facetten van het leven, waaronder cultuur, school, werk, vrije tijd en geloof, worden als mogelijkheden gezien voor ontmoeting en verdere ontwikkeling. In zo'n samenleving wordt verscheidenheid verwelkomd: niet alles moet een eenheidsworst zijn, en verschillen worden juist gerespecteerd in plaats van veroordeeld. Met blijvende aandacht voor mensen bij wie geen of weinig ontwikkeling mogelijk is: ook zij hebben recht op deelname aan 'de maatschappij'. In zo'n samenleving zijn saamhorigheid en diversiteit belangrijke begrippen. Binnen de diversiteit aan achtergronden is iedereen alleen gelijk wat betreft de basisrol: die van burger. Verschillen vormen juist een aanvulling.

Vanuit de visie op rehabilitatie als beweging van sociale actie werkt de hulpverlener bij het individueel werken steeds aan en met de sociale omgeving. Participatie betekent dus ook: werken aan en met omgevingen waarin de cliënt rollen wil vervullen: als vriend, zoon, groepsgenoot, collega, maatje enzovoort. Daarnaast gaat de hulpverlener gedurende het hele proces goed na of zijn begeleidingsaanbod ook hierbij aansluit. Zo profiteren veel cliënten van 'herstelgroepen' met medecliënten en blijken lotgenotencontacten eveneens heel belangrijk. Maar er zijn ook cliënten die juist niet aan dergelijke vormen kunnen meedoen, of niet willen, bijvoorbeeld omdat zij zich daardoor gevangen blijven voelen binnen de context van de psychiatrie. Diversiteit is in dit verband dan ook een belangrijk begrip: laat cliënten zelf bepalen in welke rollen zij zich prettig voelen en met wie zij willen verkeren.

> *Situatiebeschrijving 4: de Loods*
> In een grote stad bevindt zich een woonvorm voor mensen met een psychiatrische aandoening. De woonvorm staat in een grote volkswijk. Er is weinig contact met wijkgenoten. De begeleiders en bewoners starten daarom een project om de contacten te bevorderen. Bij de woonvorm staat een oude ongebruikte loods. Hierin worden een aantal activiteiten georganiseerd waar alle bewoners uit de wijk aan deel kunnen nemen. Zo worden er koffie-uurtjes verzorgd op vaste tijden met gratis koffie voor wie er binnenkomt. Daarnaast is er op bepaalde uren een ruilbeurs voor tweedehandsgoederen. Iedereen kan hier zijn

spullen naartoe brengen en ruilen voor andere goederen, er komt geen cent aan te pas.

Na verloop van tijd worden er in de loods exposities gehouden van schilderijen van bewoners, en ook een andere wijkbewoner wil graag haar schilderijen hier exposeren. Langzamerhand wordt de Loods (zo werd de ongebruikte loods al aangeduid, en nu wordt dit de officiële naam) een ontmoetingspunt in de wijk waar vogels van diverse pluimage elkaar kunnen ontmoeten.

5.5 SRH/SSH is mogelijkheden zien

Ieder mens heeft ontwikkelingsmogelijkheden. Maar dit betekent niet automatisch dat hulpverleners deze mogelijkheden als vertrekpunt nemen. In geval van ziekte en aandoeningen staan de beperkingen al snel voorop en wordt het beeld bepaald door wat er niet kan of lijkt te kunnen. Voor een deel heeft dit te maken met de opleiding van hulpverleners: ze zijn erin getraind om problemen op te lossen, en dus zoeken ze naar problemen waar ze wat mee kunnen. Elke hulpverlener weet dat een mens meer is dan problemen en beperkingen, maar de mogelijkheden en kansen verdwijnen vaak al snel naar de achtergrond. Annette Plooy (2008) beschrijft haarscherp hoe zij als patiënt in een GGZ-instelling al snel tot de categorie langverblijvers werd gerekend, en daarmee tot de kansarmen. Het behandelinstituut brengt al snel een scheiding aan tussen kansrijken en kanslozen, om de kanslozen vervolgens stelselmatig te verwaarlozen. Waarom? Omdat beperkingen als een gegeven worden gezien en er dan ook nauwelijks meer behandeld wordt. Zo ontstaat, aldus Plooy, een zelfvervullende profetie: je veroorzaakt zelf datgene wat je verwacht.

Dit brengt ons op een andere oorzaak van het feit dat beperkingen snel vooropstaan. Wanneer we als hulpverleners beginnen met het zoeken naar problemen en beperkingen, vult dit al snel ons blikveld. Het heeft dus ook te maken met 'methodiek': waar beginnen we met kijken. SRH/SSH richt zich op heel de mens in al zijn aspecten, en bij de begeleiding van cliënten beginnen we niet met het onderzoeken van problemen en beperkingen maar van mogelijkheden en oplossingen. We denken de beperkingen niet weg maar waken ervoor dat zij ons hele blikveld vullen.

Het gaat in dit verband in zekere zin ook om de 'oude betekenis' van rehabilitatie, als zijnde eerherstel. Concreet houdt dit in dat we onze cliënten zien als mensen met mogelijkheden en beperkingen in plaats van als mensen met problemen of een defect brein. Bij echt eerherstel gaat het er niet alleen om dat cliënten veranderen maar ook dat de omgeving van de cliënt verandert. De omgeving (waaronder wij als hulpverleners) moet cliënten zien en bejegenen als burgers die volledig recht hebben op deelname aan 'de maatschappij' (vgl. Wilken, 2007). De formulering is niet, zoals je vaak in zorgnota's ziet, het streven naar 'zo veel mogelijk deelnemen'. SRH/SSH is: cliënten zien als burgers: mensen met mogelijkheden zoals alle andere burgers.

5.6 Begeleiden met behulp van SRH/SSH

SRH/SSH wordt in veel verschillende settings gebruikt. Denk bijvoorbeeld aan cliënten bij wie langer durende zorg en begeleiding nodig is vanwege langdurige of levenslange psychosociale problemen en handicaps: mensen die dak- en thuisloos zijn, mensen met langer durende psychiatrische aandoeningen, mensen met autisme, mensen met verstandelijke beperkingen. SRH/SSH wordt toegepast in de maatschappelijke opvang, de Openbare Geestelijke Gezondheidszorg (OGGZ), afdelingen langdurige zorg binnen GGZ-instellingen, dagactiviteitencentra, in ambulante begeleiding, zorg aan huis, beschermende woonvormen (inclusief woonvormen voor jongeren en voor mensen met autisme), instellingen voor forensische psychiatrie, de verstandelijk gehandicaptenzorg, de ouderenzorg en de ouderenpsychiatrie.

Wat voor soort hulpverleners passen nu binnen dit ondersteunings- en herstelgericht werken: moeten het vooral mensen zijn met het hart op de goede plaats, of moet het gaan om werkers met een professioneel kader, zoals een specifieke beroepshouding en een methodische aanpak? De vraag stellen is hem beantwoorden. Cliënten hebben begeleiders nodig met het hart op de goede plaats en de bereidheid om écht vanuit het gezichtspunt van de cliënt te kijken. Tegelijk hebben cliënten ook recht op goede professionals die weten hoe je een dergelijk zoektocht naar de voorkeuren en krachten van de cliënt moet aanpakken, met een systematiek in hun werk die hem of haar helpt bij het 'zoeken naar' en 'verkrijgen van' belangrijke dingen in het leven. En die steeds werken vanuit en aansluiten bij de ervaringen van de cliënt.

Maar er is meer. Wanneer je uitgaat van de hierboven beschreven missie, dan gaat het ook om begeleiders die in staat zijn om hun eigen leven met dat van hun cliënt te verbinden. Die zodanig dichtbij kunnen en durven komen dat zij zich ook als mens zichtbaar maken. SRH/SSH laat zich in dit verband inspireren door de presentiebenadering van Andries Baart (2001). Elke begeleider is ook een mens met mogelijkheden en beperkingen, met talenten en met positieve en negatieve levenservaringen. Begeleiding vraagt dus een kritische houding ten opzichte van de begeleiding zoals deze wordt uitgevoerd, maar ook ten opzichte van processen in 'de samenleving'. Zoals eerder al aan de orde kwam, is SRH/SSH bedoeld als hulp voor professionals om samen met cliënten en hun netwerk te zoeken naar mogelijkheden tot verbetering van de levenskwaliteit. Omdat ieder individu anders is en kwaliteit van leven zo'n persoonlijk begrip is, kunnen richting en vorm van de ondersteuning erg verschillend zijn. Het ondersteunen van een cliënt met autisme bij het creëren van een vrijetijdsbesteding ziet er heel anders uit dan het werken aan verbetering van de woonomstandigheden binnen een psychogeriatrisch verpleeghuis.

Basisprincipes persoonlijk-professioneel werken volgens SRH/SSH

Present zijn
De werker bouwt een samenwerkingsrelatie op en onderhoudt een duurzame persoonlijke relatie met cliënten, binnen het gegeven professionele kader. De werker is aandachtig aanwezig, weet welke ideeën de cliënt heeft ten aanzien van zijn leven, en kent zijn wensen en verwachtingen. De werker sluit aan op het rouw- en het herstelproces van de cliënt. De samenwerking is gericht op door de cliënt gewenste kwaliteit van leven en deelname aan de samenleving. De werker blijft bij de cliënt en laat hem niet in de steek. Het is de verantwoordelijkheid van de werker om zo nodig het contact te herstellen en hoop te blijven bieden. Hij maakt ruimte voor het eigen verhaal van de cliënt, sluit daarbij aan en heeft een ondersteunende rol.

De kwaliteit van leven handhaven of verbeteren
De werker stelt zich zoekend en vragend op ten aanzien van de cliënt en de naaste omgeving. Hij onderzoekt op methodische wijze hoe de cliënt kwaliteit van leven ervaart (ervoer) en hoe hij zich zijn leven concreet voorstelt (voorstelde). Maar ook onderzoekt de werker zijn eigen aannames en beweringen. De werker zet zich in om de kwaliteit van leven te helpen handhaven en te verbeteren. Centraal hierbij staat het begrip 'zingeving'. De werker gebruikt woorden die door de cliënt begrepen worden en koppelt beweringen terug naar de cliënt. De werker is duidelijk over persoonlijke en professionele grenzen en gebruikt zijn professionele referentiekader terughoudend en bescheiden.

Herstel ondersteunen, empowerment en ervaringskennis bevorderen
De werker is gericht op het verlichten van lijden en het vergroten van eigen regie/autonomie van de cliënt. Hij herkent en stimuleert het benutten van eigen kracht van de cliënt (empowerment), zowel individueel als collectief. De werker helpt de cliënt zijn eigen verhaal te 'maken' en helpt ervaringskennis te ontwikkelen. Hij sluit nauw aan bij de ervaringskennis van de cliënt. Hij gaat uit van mogelijkheden en veroorzaakt niet meer problemen dan er al zijn. De werker sluit aan op de ondersteuningsbehoeften van de cliënt, in samenhang met wensen, doelen en psychosociale kwetsbaarheid. Hij doet dit met wederzijds respect en op basis van het begrip dat verworven is. De werker biedt begeleiding door over dingen te praten maar vooral door dingen te doen. Hij fungeert als hulpbron voor de cliënt, daar waar deze het zelf

> (nog) niet kan, of waar anderen deze functie (nog) niet kunnen vervullen. Hij helpt de cliënt doelen te stellen en plannen te maken, en behartigt waar nodig de belangen van de cliënt.

Het is dus nodig dat de hulpverlener de cliënt goed kent. Wie is deze mens? Welke ideeën had en heeft hij ten aanzien van zijn leven? Wat bezielde en bezielt hem? Wat zijn (en waren) zijn wensen, verwachtingen, fantasieën? Hoe keek en kijkt hij naar zichzelf? Welke mogelijkheden en beperkingen ziet hij zelf, en welke ondersteuning wil hij van anderen? Welke ondersteuning wil hij van mij als professional? Om deze mens goed te leren kennen zijn tijd, aanwezigheid en aandacht nodig.

Situatiebeschrijving 5: Karel en Sandra

Karel Baterlo is 55 jaar, hij leeft op straat en lijdt aan chronische psychose. Hij bezoekt een dienstencentrum, een voorziening van een instelling voor maatschappelijke opvang voor bed, bad en brood. Het eerste jaar komt hij onregelmatig. Karel staat bij de hulpverleners bekend als een 'notoire zwerver en fanatieke zorgmijder'. Sandra, een begeleidster van het dienstencentrum, probeert contact op te bouwen met Karel. Zij is gefascineerd door zijn geschiedenis en zijn manier van leven. Naar verloop van tijd wordt het samen een kop koffie drinken steeds gewoner. Het is bekend dat Karel alleen hulp vraagt bij praktische zaken, en vooral bij zijn financiën. Dus gaat Sandra met hem naar de bank en bespreekt met hem andere praktische zaken. Het contact breidt zich langzaam uit: ze gaan samen boodschappen doen en naar een internetcafé waar Sandra Karel helpt bij het versturen van een digitale verjaardagskaart naar een broer. De hulp bij praktische problemen en de regelmatige contacten zorgen ervoor dat Karel steeds vaker komt en dan Sandra opzoekt. Uiteindelijk komt hij met zijn grootste wens: hij wil een wereldreis maken. Zo wordt het contact dieper, en de onderwerpen verschuiven van praktische problemen naar persoonlijke ontboezemingen. De 'gezellige' contacten en gezamenlijke uitjes hebben ertoe geleid dat Karel (hoewel met de nodige bedenkingen) meegaat naar de huisarts en de pedicure. En binnenkort naar de oogarts en de tandarts. Ook laat hij nu meer andere begeleiders toe in zijn leven.

Als hulpverlener gebruiken we onze professionele kennis om te kijken naar de mogelijkheden van de cliënt en van de omgeving. We laten mensen niet in de steek omdat ze hun eigen mogelijkheden en beperkingen niet goed (genoeg) kunnen inschatten. We verwaarlozen niemand 'omdat hij het zelf wil'. We zien het als onze plicht om optimaal aan te sluiten bij de manier waarop de cliënt het zelf wil, maar schromen niet om onze mening te geven en onze deskundigheid te gebruiken. Dit doen we altijd met respect voor die ander, en vanuit een oprechte medemenselijke aandacht en betrokkenheid.

Situatiebeschrijving 6: REHAB-team voor dak- en thuislozen
Het REHAB-team voor dak- en thuislozen Amsterdam begeleidt een moeilijke groep: daklozen die een psychiatrische aandoening hebben en wars zijn van contacten met hulpverleners. Er worden allerlei creatieve manieren gezocht om in contact te komen met cliënten en hen te verleiden om zorg te accepteren. Soms bestaat de begeleiding alleen uit 'begeleid zwerven': de cliënt wordt met rust gelaten maar er wordt contact gelegd op plekken waar de cliënt vaak komt. Zo zijn er contacten met winkeliers, een marktkoopman en de politie. Wanneer een cliënt op een bepaalde plek voor verstoringen zorgt (bijvoorbeeld betrapt wordt bij het stelen van voedsel, of naar mensen schreeuwt), wordt een sociaalpsychiatrisch verpleegkundige (SPV'er) van het team gebeld om erheen te gaan. Doordat ieder lid van het team bekend is met alle cliënten, en vice versa, is dit meestal genoeg om erger te voorkomen.
In een aantal gevallen wordt gebruikgemaakt van een rechterlijke machtiging zodat snel ingegrepen kan worden als de nood aan de man komt. Het belang van de cliënt staat hierbij voorop. Een rechterlijke machtiging kan bijvoorbeeld een redmiddel zijn wanneer een cliënt ernstig in de war is en in de vrieskou onder een brug blijft slapen, en er geen andere manieren zijn om soelaas te bieden.

Methodisch handelen – zoals onderzoek doen, doelen stellen, plannen maken, efficiënte hulp bieden – komt mede voort uit professionele kaders en de daarmee verbonden verplichtingen. Er zijn maar weinig cliënten die vragen om een begeleidingsplan, een belevingsgericht zorgplan, een individueel trajectplan of om een vaardigheidstraining. Het professionele kader van waaruit de professional werkt, zal bij SRH/SSH altijd op een bescheiden manier worden ingezet. Hij zal de cliënt en het netwerk van de cliënt niet overspoelen met inventarisatielijsten en plannen. Hulpverleners kunnen systematisch werken zonder de cliënt ermee lastig te vallen. De methodiek helpt een helder beeld te scheppen van het waarom en hoe van het professioneel handelen, en dit ook duidelijk te maken aan de cliënt en aan anderen (zoals collega's). De woorden en de taal die de begeleider gebruikt, sluiten aan bij wat de cliënt gewend is en prettig vindt. De begeleider kan tegelijkertijd zijn eigen werk systematisch aansturen, de relevante informatie die hij verzamelt systematisch vastleggen en zo op heldere wijze verantwoording afleggen over zijn handelen.

Methodiek is 'maar methodiek'. Zoals wij het zien, is methodiek een professioneel referentiekader, bestaande uit een visie, basisprincipes, en een daarmee samenhangende wijze van handelen. Bij de methodiek van SRH/SSH hoort ook een 'gereedschapskist' met hulpmiddelen en formulieren. Van professionals mag verlangd worden dat zij bedreven zijn in het hanteren van hun gereedschap. Maar bovenal mag van hen verwacht worden dat ze oprecht hun best doen om hun cliënt te steunen bij die dingen die voor hem écht belangrijk zijn. Wanneer we als hulpverlener de cliënt als burger zien en als zodanig met hem omgaan, moeten we ook voorzien in een belangrijke behoefte van de burger: de burger moed geven.

5.7 SRH/SSH samengevat

De kern van rehabilitatie of support is: ondersteuning bieden aan mensen in hun streven naar een zinvol bestaan. De ondersteuning is erop gericht betekenis te helpen ontdekken. Het kan daarbij gaan om de betekenis van negatieve of positieve ervaringen uit het verleden. Door iemand te helpen het eigen 'levensverhaal' te construeren, ontstaat inzicht, kan de betekenis van gebeurtenissen duidelijk worden, en ontstaat er ruimte voor nieuwe perspectieven. Een nieuw perspectief heeft betrekking op de gewenste kwaliteit van bestaan, geconcretiseerd in doelen op het gebied van wonen, werken, leren of recreëren, of met betrekking tot gezondheid, autonomie en relaties.

Bij mensen die vanwege cognitieve beperkingen niet in staat zijn zich verbaal uit te drukken, kunnen andere wegen bewandeld worden, zoals gebruikmaken van visuele hulpmiddelen, informatie van mensen die de persoon al langer kennen, en het aanpassen van de omgeving zodat deze goed aansluit bij de cliënt.

Werken met SRH/SSH vraagt van de professional een specifieke basisvisie en houding:
- Geloof in herstel en ontwikkeling.
- Cliënten hebben recht op volledige deelname aan 'de maatschappij' waarbij uitgegaan wordt van de mogelijkheden terwijl beperkingen omzeild of gecompenseerd worden.
- Cliënten hebben het recht om een eigen betekenis te geven aan hun leven en hun levensverhaal; hierbij hoort het recht dat anderen (ook begeleiders) met echte medemenselijke interesse naar hun verhaal luisteren.
- Als hulpverlener werken we aan een hecht samenwerkingsverband tussen de cliënt, de naastbetrokkenen van de cliënt en wijzelf als de professional die bij de cliënt betrokken is: de zogenaamde triade. Deze samenwerking richt zich op door de cliënt gewenste deelname aan de samenleving: sociale participatie.
- De mens achter de cliënt ontmoet de mens achter de professional, en omgekeerd.
- Bij de visie en houding van de professional hoort ook: actief werken aan een 'saamhorige' samenleving waarbij diversiteit (verschillen), acceptatie en respect de kernbegrippen zijn.
- Begeleiding wordt niet alleen gegeven door over dingen te praten maar vooral door er te zijn (presentie) en door te doen (activiteiten ondernemen).
- Als hulpverlener blijven we bij de cliënt en laten hem niet in de steek. Niet wanneer de cliënt zijn verwijten op ons richt, weer opnieuw een terugval

heeft, al onze adviezen in de wind slaat, te psychotisch is. En ook niet wanneer de cliënt besluit om even niet meer met ons te communiceren.
- Of wanneer de cliënt niet goed kan communiceren. Het is de menselijke en professionele verantwoordelijkheid van professionals om het contact te onderhouden en hoop te blijven bieden.

Bij de methodiek hoort ook, zoals gezegd: onderzoeken hoe de cliënt de kwaliteit van leven ervaart (ervoer) en hoe hij zich zijn leven concreet voorstelt (voorstelde): zijn persoonlijke voorkeuren. Centraal hierbij staat betekenis- en zingeving. Het onderzoek richt zich eerst en vooral op de aanwezige krachten van de cliënt en van de sociale omgeving van de cliënt. Het professionele kader van de hulpverlening (denk aan begrippen, onderzoekslijsten, plannen) wordt met terughoudendheid ingezet; het is middel, geen doel.

We hebben er al eerder op gewezen: kwaliteit van leven is niet iets statisch. Iedere ervaring heeft zijn waarde. Alleen door betekenisgeving te (re)construeren ontstaat er een kader waarbinnen de professional goed aan kan sluiten bij de ander, en zorg-op-maat kan bieden. Dit is waar Systematisch Rehabilitatiegericht Handelen en Systematisch Supportgericht Handelen de professional behulpzaam bij kunnen zijn.

Reflectievragen

1 In de rehabilitatie- en supportbenadering staat de kwaliteit van leven van mensen centraal. Wat versta jij onder kwaliteit van leven? Hoe kun je bij cliënten met wie je werkt duidelijk krijgen wat zij belangrijk vinden voor hun kwaliteit van leven?

2 Een samenwerkingsrelatie met cliënten is een belangrijk fundament van de methodiek. Geef aan wat belangrijke elementen zijn om deze relatie vorm en inhoud te geven.

3 In deze benadering is het zoeken en vaststellen van een zingevend doel een van de stappen. Het gaat hier meer om toekomstgericht dan om probleemgericht werken. Wat vind je hiervan?

4 Op welke wijze wordt omgegaan met de ervaringen van de cliënt, en de betekenis die hij hieraan hecht? Relateer dit aan de begrippen 'ervaringsleren' en 'betekenisgericht leren'. Welke rol spelen jouw eigen ervaringen hierbij?

5 SRH/SSH is gericht op sociale participatie en sociale inclusie. Maar wat als een cliënt helemaal geen wensen heeft op dit gebied?

6 Er wordt gesproken over 'herstelgericht werken'. Benoem elementen die hierbij belangrijk kunnen zijn. Hoe zou je in jouw werk het herstelproces van cliënten beter kunnen ondersteunen?

6 Oplossingsgericht werken

Ontdek de kracht van je cliënt

door Nico Hoeben

Nico Hoeben (1957) is docent aan de Saxion Hogeschool in Enschede. Hij houdt zich hier bezig met de methodiekvakken in de eindfase van de SPH- en MWD-opleiding. Voorafgaand aan zijn docentcarrière was Nico werkzaam als maatschappelijk werker bij diverse organisaties waar hij jaren heeft gewerkt met de methodiek oplossingsgericht werken.

6.1 Inleiding: wat is oplossingsgericht werken?

Oplossingsgericht werken is een term die de laatste jaren veel wordt gebezigd. Veel hulpverleningsinstellingen werken oplossingsgericht, veel managers maken in hun aansturing gebruik van oplossingsgerichte elementen, in coachingstrajecten is het veelal een favoriete stijl van werken en zelfs in tv-reclames zie je oplossingsgerichte 'boodschappen' voorbijkomen.

Wat is oplossingsgericht werken nu eigenlijk, waar komt het vandaan, waarom werkt het zo goed en waarom is het juist nu zo populair? In dit hoofdstuk gaat het met name om de hulpverlening, en hierbinnen in het bijzonder om de psychosociale hulpverlening. Het maatschappelijk werk is hierbij steeds het vertrek- en referentiepunt. Doel van deze bijdrage is om de lezer mee te nemen in de wereld van de oplossingsgerichte methodiek. Het gaat dan om het 'proeven' van de praktijk met als doel dat de lezer een beeld krijgt van de methodiek en hopelijk geïnspireerd raakt. Heel nadrukkelijk teken ik daarbij aan dat dit hoofdstuk niet volledig kan zijn. Er is erg veel, en vanuit allerlei invalshoeken, geschreven over de methodiek. In dit hoofdstuk gaat het niet om de nuance maar om een algemeen beeld. Allereerst komen achtergronden van de methodiek aan de orde, vervolgens wordt aan de hand van een praktijksituatie duidelijk wat oplossingsgericht werken inhoudt, en tot slot ga ik kort in op de vraag wat er nodig is om met de methodiek te kunnen werken.

6.2 Achtergronden: ontwikkeling van de oplossingsgerichte therapie

De oplossingsgerichte therapie is als methodiek ontwikkeld door het Brief Family Therapy Center in Milwaukee (Steve de Shazer, Insoo Kim Berg e.a.) in de jaren tachtig en negentig van de vorige eeuw. De stroming werd Solution Focused Therapy genoemd: men ontdekte dat het lang niet altijd nodig is om problemen uit te spitten maar dat het vaak effectiever is om voort te bouwen op werkzame dingen die de cliënt zelf al doet. Het werk van de Milwaukeegroep stoelt op het werk van Milton Erickson. Milton Erickson (1901-1980) was een Amerikaanse psychiater en psychotherapeut en een van de grondleggers van de moderne hypnotherapie. De filosofische basis van het oplossingsgerichte denken ligt in het werk van Wittgenstein maar is ook verankerd in het boeddhistische gedachtegoed. De aanpak kan worden ondergebracht bij het sociaal-constructivisme. Deze stroming gaat ervan uit dat er niet één absolute waarheid is maar dat ieder mens als het ware zijn eigen waarheid 'schrijft'.

In feite gaat het om een methodologie, een hulpwetenschap van waaruit naar een probleemsoort gekeken kan worden. Vanuit deze methodologie is de methodiek Oplossingsgerichte Therapie door de Milwaukeegroep verder ontwikkeld. In Europa is het met name de Brugse groep (Caufmann, Isebaert, Le Fevere de ten Hove e.a.) die de methodiek voor diverse toepassingen verder heeft ontwikkeld.

6.3 Visie achter oplossingsgericht werken

Myriam le Fevere de ten Hove geeft in haar boek *Korte Therapie* mooi aan hoe vanuit beide invalshoeken, de Milwaukeegroep en het Brugse model, een visie is gevormd ten aanzien van deze oplossingsgerichte methodiek.

In de Amerikaanse school steunde de visie op een aantal stellingen. De belangrijkste hiervan zijn:
- 'De klasse van de problemen behoort niet tot de klasse van de oplossingen.' Hiermee wordt bedoeld dat het niet noodzakelijk is om een probleemanalyse te maken om te komen tot oplossingen.
- 'De patiënt is de expert van zijn therapie.'
- 'Wat niet stuk is moet je niet maken.'
- 'Als iets niet werkt, doe dan iets anders.'

Het Brugse model kent de volgende axioma's:
- 'Het mandaat, gegeven door de cliënt, dient boven alles te worden gerespecteerd.'
- 'De cliënt heeft autopoietische, oftewel zelfhelende capaciteiten.'
- 'Het kunnen maken van keuzes is een maat van gezond psychisch functioneren.'

Vanuit de oplossingsgerichte visie wordt gewerkt met uitgangspunten voor houding en toe te passen technieken. Hieronder worden ze kort weergegeven.

6.4 Houdingsaspecten van oplossingsgericht werken

Bij oplossingsgericht werken onderscheiden we de volgende vier houdingsaspecten:
- anders kijken naar je cliënt;
- een houding van niet-weten;
- een ruim gezichtsveld;
- werken in kleine stapjes.

Anders kijken naar je cliënt
Voor de methodiek oplossingsgericht werken is 'anders kijken naar je cliënt' een basishouding die je als hulpverlener nodig hebt om goed oplossingsgericht te kunnen werken. 'Anders kijken' houdt in dat je je cliënt per definitie niet ziet als probleemgeval maar als een mens met mogelijkheden, talenten en krachtbronnen.

Een houding van niet-weten
Een ander belangrijk uitgangspunt van de oplossingsgerichte visie is het aannemen van een houding van niet-weten. Hiermee wordt bedoeld dat je naar je gesprekpartner/cliënt op een open wijze luistert en hierbij als het ware je eigen referentiekader uitschakelt. Het is een houding die zich kenmerkt door verbazing, nieuwsgierigheid en openheid. Een ontmoeting wordt weer een avontuur en niet zelden een openbaring. Als afgeleide techniek wordt soms gesproken van 'leeg luisteren'.

Een ruim gezichtsveld
Niet hetgeen de hulpverlener wil bereiken is uitgangspunt, maar datgene wat de cliënt als doel bestempelt. Dit houdt in dat je je als hulpverlener in principe niet laat begrenzen of beperken maar dat je je laat leiden door de weg die je cliënt uitstippelt. Daarvoor heb je als hulpverlener dus een ruim gezichtsveld nodig en kun je ook putten uit meerdere methoden of invalshoeken. Op deze 'route' zal de hulpverlener waarschijnlijk tal van herkenningspunten tegenkomen die hij subtiel kan integreren in de gesprekken gedurende het proces.

Werken in kleine stapjes
Het werken in kleine stapjes is essentieel voor deze methodiek. Het vinden van dat eerste kleine stapje voorwaarts dat de cliënt kan nemen: daar gaat het eigenlijk om. Het beleven van de intentie, de kracht van dit stapje, is voor veel cliënten erg intens omdat ze hierdoor de krachtbron in zichzelf (weer) kunnen voelen. Als

er een eerste stapje gezet kan worden, ontstaat er ook vertrouwen voor vervolgstapjes en gloort er de kracht van hoop op een beter leven.

6.5 Technieken voor oplossingsgericht werken

De typische oplossingsgerichte technieken die de hulpverlener tot zijn beschikking heeft zijn met name:
- de beginvraag;
- complimenteren;
- vragen naar uitzonderingen;
- de wondervraag toepassen;
- de schaalvraag gebruiken;
- feedback geven.

De beginvraag: wat is er beter?
Vanaf het begin van het hulpverleningstraject maakt de hulpverlener duidelijk dat het de cliënt is die de richting van het gesprek bepaalt. Daarin schuilt de kracht van deze vraag 'wat is er (al) beter?', en de kracht van de vraag is tevens dat de cliënt wordt uitgenodigd, en wordt gemotiveerd, om vanuit het oplossingsdomein te praten, en niet vanuit het probleemdomein.

Complimenteren
Iedereen kan zich nog wel een moment herinneren dat hij of zij een compliment kreeg en zal zich ook de kracht hiervan nog kunnen herinneren, of wellicht nog steeds voelen. In de oplossingsgerichte benadering maakt de hulpverlener heel expliciet gebruik van complimenteren als middel, omdat dit krachten van de cliënt mobiliseert en 'in stelling brengt'.

Vragen naar uitzonderingen
Veel cliënten beleven een sombere periode in hun leven. Op een bepaald levensgebied gaat het niet goed en dit straalt uit naar het hele leven. Je cliënt vertelt hierover, jij luistert en geeft terug wat je ziet. In de oplossingsgerichte methodiek probeer je, door het gesprek te leiden, je cliënt te laten beleven, voelen en vertellen, wat er wel goed gaat. Dit is buitengewoon essentieel, en feitelijk ben je als oplossingsgericht hulpverlener hier continu op gericht. Een expliciete techniek hiervoor is vragen naar uitzonderingen. Je vraagt naar die momenten waarin het probleem zich niet, of in mindere mate, voordeed. Met het stellen van deze vraag treed je als het ware de oplossingsgerichte wereld van je cliënt binnen. Door te focussen op deze, vaak nog kleine, momentjes worden ze voor de cliënt duidelijker en belangrijker. Vraag naar wat er op die momenten anders is aan hem of haar en je cliënt zal je vertellen hoe hij of zij iets voor elkaar heeft gekregen. Een kiem tot verandering is blootgelegd.

De wondervraag
De '*miracle question*' is te herleiden tot de hypnotherapie van Milton Erickson (De Shazer, 1988). Als techniek binnen de oplossingsgerichte therapie is de wondervraag geïntroduceerd door Insoo Kim Berg (De Jong & Berg, 2004). Zij (her)ontdekte de krachtige en werkzame werking van de vraag doordat een cliënte over haar wonderbeeld vertelde. De vraag brengt de cliënt, op een erg verbeeldende wijze, bij zijn gedachtewereld waarin het beleefde probleem niet meer aanwezig is. Het effect is dat het gemoed verandert en dat motivatie en hoop ontstaan, maar ook dat de cliënt op cognitief niveau oplossingsstijlen, dat wil zeggen een oplossende manier van denken, bij zichzelf aanboort op weg naar doelen. Ook kan vanuit het 'wonderplaatje' een opening gemaakt worden naar uitzonderingsmomenten in het hier-en-nu en kan er vaak goed een schaalvraag aan gekoppeld worden.

De wondervraag kan in vele varianten worden aangeboden, maar de basisvariant is als volgt.

> Ik wil je een vreemde vraag stellen. Stel dat er vannacht, terwijl je slaapt en het stil in huis is, een wonder gebeurt. Het wonder is dat het probleem dat je hier bracht is opgelost. Echter, omdat je sliep weet je niet dat het wonder heeft plaatsgevonden.
> Wat zal er anders zijn wanneer je morgenochtend wakker wordt waaraan jij kunt zien dat er een wonder is gebeurd en dat het probleem dat jou hier bracht is opgelost? (De Jong & Berg, 2004).

De schaalvraag
Om de dynamiek van vooruitgang zichtbaar te maken en hierin nuancering te herkennen, is de schaalvraag ontwikkeld. De schaalvraag gaat als volgt in zijn werk. Vraag je cliënt om op een schaal van 0 tot 10 aan te geven waar hij staat als het gaat om zijn of haar vooruitgang in het gestelde doel. De 0 staat bijvoorbeeld voor het moment dat er besloten werd om hulp te gaan zoeken en de 10 voor het moment waarop de cliënt jou niet meer nodig heeft. Doordat de cliënt een cijfer voor zijn situatie geeft, krijg je de kans om te praten over wat hij al goed deed en wat hij nodig heeft om de volgende kleine stap te zetten. Zicht op verbetering wordt dan vanzelfsprekend.

Door met de schaalvraag te werken open je vaak een groot arsenaal aan aanknopingspunten voor het stellen van doelen door de cliënt.

Feedback
De cliënt kent zichzelf goed, weet wat hij kan en wil. De hulpverlener is expert op het gebied van gesprekvoering. Vanuit de eerder besproken (pargraaf 6.4) grondhouding past hij gesprekstechnieken toe die de cliënt helpen om bij zijn hulpbronnen te komen. De cliënt leert om nieuwe keuzes te maken en doelen te

stellen. Een essentieel bestanddeel van een leerproces is feedback krijgen. Feedback verstrekt de hulpverlener zowel expliciet als impliciet. Expliciet doet hij dat met name aan het einde van het gesprek door te complimenteren, zijn visie te verwoorden op de gestelde doelen en huiswerksuggesties te doen, aansluitend bij het interactieniveau. Impliciet doet hij dat door 'in session-complimenten' te geven, bepaalde vragen te stellen, woorden te echoën, zijn gezichtsuitdrukking en lichaamstaal te laten spreken enzovoort. Cliënten zijn doorgaans erg gevoelig voor met name impliciete feedback. Door het geven van feedback wordt de hulpverlener als het ware de enthousiaste en deskundige gesprekspartner die de cliënt bevestigt als zijnde de deskundige met betrekking tot zijn eigen leven.

6.6 Onderzoek naar de effecten van oplossingsgericht werken

Uit de resultaten van bijna veertig jaar psychotherapieonderzoek concludeerden Miller, Duncan & Hubble (1997) dat het totale effect van psychotherapie slechts voor 15% werd bepaald door specifieke factoren van het therapeutische model (Miller, Duncan & Hubble, 1997). Maar liefst 40% werd buiten de therapie om bepaald door het natuurlijk beloop, de extratherapeutische of cliëntfactoren, en 45% buiten het model om door aspecifieke therapeutische factoren, onder te verdelen in relatiefactoren (30%) en placebofactoren (15%). De cliënt bleek belangrijker dan de therapeut en de relatie belangrijker dan het model. Het maakte bovendien niet uit welk model werd toegepast, het ging erom dat een model werd toegepast, een model dat zowel voor therapeut als cliënt geloofwaardig was. Het grootste effect trad op in de eerste sessies en het totale resultaat werd al grotendeels behaald in minder dan tien sessies, ongeacht of een therapie nu bekendstond als korter of langer durend. (Van den Brink, 2006).

Uit bovenstaand (Amerikaans) onderzoek kunnen drie waarschijnlijkheden worden afgeleid:
1 Bij oplossingsgerichte therapie (OT) zal de invloed van de methodiek op het natuurlijke beloop, dus de werkzame factoren buiten de therapie om, groter zijn omdat de cliënt zijn eigen doelen kiest en hieraan zijn eigen aanpak verbindt. De veronderstelling dat hierdoor het natuurlijk beloop een impuls krijgt, lijkt gerechtvaardigd. De cliënt doet de dingen die bij hem of haar passen, maar dan meer bewust en meer vanuit eigen motivatie.
2 Een tweede waarschijnlijkheid is af te leiden uit de aard van de relatiefactor in de oplossingsgerichte methodiek. Een oplossingsgericht werker leeft zich sterk in zijn cliënt in en sluit nauw aan bij diens percepties. Daarnaast is hij erg gericht op het benoemen van positieve gevoelens ten aanzien van de cliënt, bijvoorbeeld in de vorm van complimenteren. Uit literatuur – en mijn eigen ervaring met oplossingsgericht werken bevestigt dat – blijkt dat de term 'weerstand' geen concept is binnen de oplossingsgerichte therapie. De betekenis van de relatie ligt in de interactie tussen de gesprekspartners en is gebaseerd op gelijkwaardigheid, betrokkenheid en respect. Dat deze factor positieve effecten heeft op de probleembeleving is wel erg waarschijnlijk.

3   Ten slotte is er de waarschijnlijkheid dat het effect van hulpverlening relatief groot is binnen de oplossingsgerichte methodiek, omdat het een methodiek is met een relatief kortdurend karakter. De hulpverlener (of therapeut) komt snel ter zake omdat onderzoek en diagnose feitelijk niet plaatsvinden. Het accent ligt vrijwel direct op het veranderingsproces dat de cliënt in gang zet. Het effect van verandering is bij deze methodiek relatief groot omdat het veranderingsproces juist ook in die eerste fase ligt.

Het Brief Family Therapy Center (BFTC) in Milwaukee heeft in de jaren 1992/1993 een onderzoek gedaan binnen het eigen cliëntenbestand. Het ging hierbij nadrukkelijk om gezinstherapie met behulp van de door het centrum ontwikkelde oplossingsgerichte methodiek. Voor een meting van tussentijdse effecten – gedurende de therapie – werd aan de deelnemers een schaalvraag gesteld. In feite ging het om eenzelfde soort vraag die ook als techniek in de methode wordt gebruikt. Gevraagd werd om hierop aan te geven hoeveel punten vooruitgang men had geboekt ten aanzien van de beginbeleving. Deze meting werd uitgevoerd na minimaal twee therapiesessies. Hieruit komt naar voren dat 49% van de respondenten aangeeft tussen de één en drie punten voorwaarts gekomen te zijn. 26% zit hieronder (9% is zelfs achteruitgegaan op de schaal) en 26% zit hierboven (met een uitschieter van 11% bij een vooruitgang van 5 punten).

In ditzelfde onderzoek werden 'gebruikers' van de methode na zeven tot negen maanden na beëindiging van de therapie gebeld met de vraag of het behandeldoel was bereikt en, zo niet, of er vooruitgang was geboekt.

45% van de respondenten gaf aan dat het behandeldoel was bereikt. 32% bespeurde enige vooruitgang en 23% gaf aan dat er geen vooruitgang was geboekt.

Het Brief Family Therapy Center stelt dat deze cijfers gunstig afsteken ten opzichte van een meer algemeen onderzoek naar effecten van psychotherapie (De Jong & Berg, 2004).

Ook ander onderzoek leidt tot positieve conclusies over de oplossingsgerichte methodiek:
- In een onderzoek, uitgevoerd door Lee in 1997, kwam naar voren dat 64,9% van de cliënten succesvol was geholpen met de oplossingsgerichte therapie. Andere onderzoeken (o.a. MacDonald, 1994: 1997) geven eenzelfde positief beeld van de therapie.

Diverse onderzoeken, bijeengebracht door McKeel (1996), leiden tot onder andere de volgende conclusies.
- Door oplossingsgericht taalgebruik van de therapeut gaat de cliënt nadenken en praten over veranderingen. Naarmate cliënten meer over oplossingen praten, neemt de kans toe dat ze de therapie succesvol afronden.
- De wondervraag helpt cliënten bij het opstellen van behandeldoelen en maakt dat ze optimistischer worden over hun situatie.

◊ Het stellen van uitzonderingsvragen leidt er bij veel cliënten toe dat ze ook daadwerkelijk beginnen te praten over uitzonderingen en vooruitgang met betrekking tot hun problemen.

6.7 De werkzaamheid van oplossingsgerichte therapie

De bijeengebrachte gegevens zoals ze hiervoor zijn beschreven, geven sterke aanwijzingen dat oplossingsgerichte therapie werkt. Het lijkt in ieder geval gerechtvaardigd om van een *practise based* methode te spreken: uit de praktijk, beschreven en ervaren, zijn veel enthousiaste geluiden te horen, zowel van de kant van de cliënt als van de hulpverlener.

Oplossingsgericht werken is een erg ruim begrip. In de breedste context van de aanduiding zou je kunnen spreken van een zienswijze op de mens (zoals ook in paragraaf 6.3 over de visie achter de methodiek naar voren komt). Als zienswijze is oplossingsgericht werken dan ook altijd en overal toepasbaar. Als methodiek aangewend, dus met de typische uitgangspunten en technieken, is de oplossingsgerichte therapie in de regel ook een prachtig toepasbaar werkmodel. Het geeft veel ruimte voor aansluiting met andere methodieken en is, in die zin, een eclectische methodiek.

Zijn er dan geen contra-indicaties?

Neem een door justitie gestuurde gedragsgestoorde jongeman. Je kunt je afvragen of bijvoorbeeld de wondervraag hier veel soelaas zal bieden. Wellicht is een directieve benadering effectiever. Dit laat echter onverlet dat je als hulpverlener vanuit de oplossingsgerichte benadering steeds weer oplossingsgerichte impulsen kunt geven aan de therapie. Hetzelfde geldt eigenlijk eveneens voor psychiatrische problematiek. Ook hier kan de insteek oplossingsgericht zijn en zal een eclectische benadering vaak leiden tot meerwaarde.

In relatie- of groepsproblematiek is de oplossingsgerichte methodiek eveneens goed toepasbaar, net als in crisissituaties.

6.8 Oplossingsgericht werken in de praktijk: gesprekken met Miranda

Miranda is 17 jaar oud en ze heeft het op dit moment moeilijk, zowel op school als thuis. Dit heeft, zo staat in het aanmeldverslag van de huisarts, te maken met het feit dat haar moeder ziek is geworden en Miranda veel taken van haar moet overnemen. Voorts meldt het verslag dat Miranda een vriend heeft die veel van haar eist en die haar eigenlijk het liefst helemaal voor zichzelf wil hebben. Miranda voelt zich de laatste tijd moe en lusteloos, ze twijfelt aan haar relatie maar ook steeds meer aan zichzelf. Bij de huisarts kwam ze voor 'peppillen', maar die achtte het verstandig dat ze ging praten. Hiermee ging ze akkoord.

6.8.1 Eerste gesprek met Miranda (intake)

Hv Dag Miranda, goed dat je gekomen bent. Vond je het moeilijk om hiernaartoe te komen?
M   Ja, ik ben best een beetje zenuwachtig.
Hv Dat is begrijpelijk, maar je zult zien dat het met een kwartiertje verdwenen is.
M   Ik hoop het.
Hv Ik zal mijzelf even voorstellen (stelt zichzelf voor en vertelt iets over zichzelf). Wil jij ook iets over jezelf vertellen, Miranda?
M   Vind dit wel moeilijk (vertelt wie ze is en wat ze doet).
Hv Kun je in je eigen woorden vertellen waarom je naar mij toegekomen bent?
M   Ik slaap de laatste tijd slecht.
Hv Hoe komt dit, denk je?
M   Ik weet het eigenlijk niet. Denk dat het komt omdat ik zo druk ben.
Hv Waarmee ben je zo druk?
M   Ik heb heel volle dagen de laatste tijd. Ik moet naar school (mbo) en moet daarna nog veel huishoudelijk werk doen.
Hv Ik heb gelezen dat je moeder ziek is, wat heeft ze?
M   Ze heeft fybromyalgie en is maar een paar uur per dag op. Ze kan dan nauwelijks iets doen.
Hv Zijn er nog meer dingen die je bezighouden?
M   Ja, mijn vriend zit me wel erg dicht op de huid. Hij wil dat ik na school de verdere dag met hem optrek. (Begint te huilen.)
Hv Wat gebeurt er nu met je?
M   Ik ben zo bang dat mijn moeder doodgaat.
Hv Hoe kom je daar nu bij?
M   Ik hoorde mijn vader laatst praten met zijn broer aan de telefoon over de begrafenis van mijn moeder.
Hv Kan me voorstellen dat je erg bang en verdrietig bent.
M   Ja, dat is ook zo.
Hv Hoe gaat het op school?
M   Ook niet zo goed, ik zit in het laatste jaar van de SPW maar ik ben bang dat ik het niet ga halen. Ik kan me niet concentreren, heb achterstand en mijn cijfers hollen achteruit.
Hv Ik vind het erg goed van je dat je hiernaartoe bent gekomen. Je had het bijltje er ook bij neer kunnen gooien of andere rare dingen kunnen gaan doen.
M   Ja dat is zo, laatst op een feestje heb ik me eens helemaal klem gedronken. Ik was totaal van de wereld. Ze hebben me naar huis moeten brengen en de huisarts is nog langs geweest.

Hv Zo, dat is best heavy, drink je nog wel eens?
M Nee, ik heb mijn lesje wel geleerd en ik vind drank eigenlijk vies.
Hv Erg sterk van je dat je dat kunt, in deze situatie van de drank afblijven.
M Mmm.
Hv Miranda, ik zou je eens een vreemde vraag willen stellen, vind je dat goed?
M Oké. (Zet grote ogen op.)
Hv Stel je gaat straks naar huis en hebt verder een normale dag, vanavond ga je slapen, je slaapt goed, en terwijl je slaapt gebeurt er een wonder. Het wonder houdt in dat vanaf morgen je problemen, die je net schetste, zijn opgelost. Maar omdat je slaapt weet je niet dat het wonder gebeurde. Waaraan merk jij morgen het eerst dat dit wonder is gebeurd?
M Wat een rare vraag. Gebeurde er maar een wonder, ik wist wel wat ik dan zou wensen.
Hv Wat dan?
M Dat mijn moeder beter wordt.
Hv Dat zou geweldig zijn. Leuk dat je dat wenst voor je moeder.
M Dat wens ik ook voor mijzelf.
Hv Wat zou er dan, stel dat dat vannacht gebeurt, morgen anders zijn aan jou?
M Ehmm. Dat vind ik een moeilijke vraag. Ik denk dat ik dan eerder zou opstaan en het ontbijt voor iedereen klaarmaken.
Hv Wat zou je nog meer anders doen?
M (Begint te huilen.) Ik zou zo graag willen dat mijn moeder weer beter wordt.
Hv Stel nu dat het wonder gebeurt, maar je moeder is niet beter, maar met jou gaat het wel goed. Wat is er dan anders aan jou?
M Hmm, moeilijke vraag. Ik denk dat ik dan niet meer bang ben en mij gedraag zoals ik mij zou willen gedragen.
Hv Hoe is dat dan?
M Ik zou dan flink willen zijn, op tijd opstaan en het ontbijt klaarmaken. Daarna zou ik naar school gaan en mij richten op mijn schooltaken. Hierna wil ik niet terug naar huis. (Begint weer te huilen.)
Hv Ik vind dat je heel erg goede dingen zegt. Ik merk dat je voor je ouders een fijne dochter wilt zijn, maar je vindt het ook erg moeilijk. Zou je desondanks al een heel klein stukje van het wonder kunnen laten uitkomen, denk je?
M (Droogt tranen.) Ik wil wel proberen op tijd op te staan en het ontbijt te maken.
Hv Dat lijkt me een erg goed idee. (Neemt een denkpauze van ongeveer 30 seconden).
Hv Miranda, ik zou je voorts willen vragen om de komende week voor jezelf eens goed op te letten op welke momenten je je beter voelt en dat je bij jezelf eens nagaat wat jij dan anders doet in die situatie. Vind je dat goed?
M Dus ik moet kijken wanneer ik me wel lekker voel en hoe dit komt?

Hv Ja, dat is wat ik je vraag, het is namelijk heel erg belangrijk om te kijken naar die goede momentjes. Als er één dergelijk momentje is, kun je misschien leren hoe je meer van dat soort momentjes kunt krijgen.
M Ik snap het. Ik weet zo al een momentje op te noemen wanneer ik me beter voel.
Hv Je maakt me nieuwsgierig.
M Ik wil met papa gaan praten over de ziekte van mama, ik weet het nu zeker en ik kan het ook aan.
Hv Wat geweldig dat je dit hebt besloten, hoe heb je het voor elkaar gekregen dit besluit te nemen?
M Het kwam door wat ik net zei dat ik graag degene wil worden die ik wil zijn. Daarvoor moet ik weten wat er precies aan de hand is.
Hv Ik sta echt van je te kijken dat je dat nu zomaar beslist. Je moet wel erg veel kracht hebben om dat te doen. Hoe kan ik je hierbij helpen?
M Ik doe het alleen, maar misschien kan ik je bellen over de uitslag.
Hv Dat vind ik een heel goed idee en ik wil graag voor je klaarstaan. Ik zal je mijn nummer geven zodat je mij kunt bereiken buiten kantoortijden. (Geeft nummer van de bereikbaarheidsdienst.)
M Fijn, dankjewel. Ik voel me alweer een stukje beter.
Hv Ik wens je heel veel sterkte en ik weet zeker dat je het aankunt. Ik heb gezien dat je erg sterk bent. Denk je er ook nog aan vast te stellen wanneer je je goed voelt?
M Ja natuurlijk. Tot volgende week.
Hv Tot volgende week.

Toelichting op het eerste gesprek: uitgangspunten en houdingsaspecten

Oplossingsgericht werken is anders kijken naar je cliënt

Iedere lezer zal zijn eigen mening hebben over dit gesprek en mag en hoort die ook te hebben. Ik ben van mening dat deze hulpverlener zijn cliënt niet ziet als een zielig hoopje mens dat getroost moet worden en voor wie oplossingen bedacht moeten worden. De hulpverlener ziet zijn jonge cliënt als een krachtig mens met mogelijkheden, ideeën en een eigen aanpak.

De hulpverlener heeft in dit gesprek duidelijk de overtuiging dat zijn cliënt zichzelf goed kent en dat hij haar kan helpen met het naar boven halen van haar eigen doelen en oplossingsstijl. Miranda ontdekt haar eigen kracht.

Houding van niet-weten
Uit dit gesprek blijkt dat de hulpverlener heel veel van Miranda heeft gezien. Het meisje werd uitgenodigd om te vertellen wat ze zelf kwijt wilde. Dit deed de hulpverlener door zich niet-wetend op te stellen, door niet in te vullen, door

haar serieus te nemen vanuit oprechte nieuwsgierigheid in haar. Het gesprek nam hierdoor de wending die Miranda wilde. Hierin school ook de kracht van het gesprek.

Ruim gezichtsveld
Dit gesprek laat ook zien dat oplossingsgericht werken een ruim domein bestrijkt. Zo put de hulpverlener uit het Rogeriaanse arsenaal in de wijze van gespreksvoering door empathie te tonen, echtheid te laten zien en de cliënt onvoorwaardelijk te accepteren. Voorts laat het gesprek zien dat de oplossingsgerichte therapeut ook een systeemgerichte invalshoek hanteert doordat hij meegaat met zijn cliënt in haar voorstel om in het gezinssysteem iets op gang te gaan brengen. Meer impliciet zijn er in dit gesprek ook cognitief gerichte krachten werkzaam. De hulpverlener zet het meisje aan tot denken en tot verandering hierin. Ook dit behoort tot het domein van de oplossingsgerichte werkwijze.

Kleine stapjes
In dit gesprek wordt niet gesproken over een totaaloplossing. Miranda maakt een eerste stapje met haar besluit het ontbijt klaar te maken en neemt zich voor om met haar vader een gesprek aan te gaan. Zich bewust worden van haar mogelijkheden is voor Miranda heel belangrijk. Er ontstaat nu beweging.

Technieken
De typische oplossingsgerichte technieken die de hulpverlener hier gebruikt zijn:
- complimenteren;
- de wondervraag stellen;
- oplossingsgerichte taal gebruiken;
- feedback geven.

Complimenteren
In dit gesprek heeft de hulpverlener op verschillende momenten gebruikgemaakt van complimenteren. Het effect ervan blijkt eigenlijk al uit het verloop van het gesprek.

De wondervraag
In dit gesprek vraagt de hulpverlener al in het begin ervan naar het wonderbeeld van zijn cliënt. Hij had ook eerst kunnen vragen wat zijn cliënt het liefst in haar leven zou willen veranderen. Wellicht had ze ook dan al aan kunnen geven dat ze wilde werken aan haar thuissituatie en dat hulpverlener en cliënt op hetzelfde punt uit waren gekomen. De hulpverlener koos voor een andere weg, waarschijnlijk vanuit zijn intuïtie. Zijn inschatting was dat de wondervraag voor de cliënt meer op zou leveren. Het effect van de wondervraag is dat Miranda het 'zonnige plaatje' voor zich ziet en van hieruit het doel stelt om, wat er ook gebeurt, een

goede dochter te zijn. Miranda wordt zich er, door deze vraag, van bewust dat dit voor haar belangrijk is maar het brengt ook haar krachten om dit te bereiken 'in stelling'. Dit blijkt uit het vervolg van het gesprek.

Oplossingsgericht taalgebruik
Het gesprek is gericht op het ontdekken van de kracht van de cliënt. Het taalgebruik van de hulpverlener, met name zijn vraagstelling, getuigt hiervan.

Feedback
Aanvankelijk had het er de schijn van dat Miranda, weliswaar erg gemotiveerd om haar problemen de baas te worden, nog niet goed bij haar krachtbronnen kon komen. Daarom stelt de hulpverlener voor dat Miranda de komende week nagaat wanneer ze zich goed voelt en wat er op die momenten anders is aan haar. Hij handhaaft uiteindelijk dit huiswerkvoorstel, maar het gesprek ontwikkelt zich verrassend. Miranda ontdekt mogelijkheden!

Bij Miranda is er, uiteindelijk, sprake van een cliënt die goed in staat is om zelf realistische doelen te formuleren. Ze is gemotiveerd, komt bij haar eigen kracht en ziet heel duidelijk haar eigen rol in de probleembeleving. Haar doelen zijn realistisch en haalbaar. De feedback kan dus erg positief zijn. Hierdoor, zo mag je veronderstellen, zal ze zich erg gesterkt voelen in haar eigen ideeën. Feedback werkt in dit geval als een motivator. De feedback vindt in het gesprek met name impliciet plaats, dat wil zeggen verweven door het hele gesprek.

Een werkbare hulpvraag
In dit eerste gesprek zegt Miranda, na het stellen van de wondervraag, dat haar moeder niet meer ziek zal zijn als het wonder is gebeurd. De hulpverlener weet dan dat hij hier te maken heeft met een zogenaamde 'beperking'. Het ligt immers niet binnen zijn mogelijkheden, noch in die van Miranda, om directe invloed uit te oefenen op het ziektebeeld van haar moeder. Als er een beperking aan het licht treedt, en dat gebeurt nogal eens, is het zaak dat de hulpverlener het gesprek dusdanig stuurt dat er een werkbare hulpvraag ontstaat. In dit gesprek gaat de hulpverlener in eerste instantie mee met zijn cliënt en komt korte tijd later tot een nuancering van zijn vraagstelling ('Stel nu dat het wonder gebeurt, maar je moeder is niet beter, maar met jou gaat het wel goed. Wat is er dan anders aan jou?')

6.8.2 Het tweede gesprek met Miranda
Hv   Dag Miranda, fijn je weer te zien.
M   Ik vond het wel een beetje moeilijk om te komen.
Hv   In ieder geval goed dat je gekomen bent. Ben erg nieuwsgierig naar wat er beter gaat.
M   (Kijkt weg.) Toen ik hier naartoe fietste bedacht ik dat ik me niet aan onze afspraak had gehouden.
Hv   Hadden we een afspraak gemaakt dan?

M   Ja, ik zou toch met m'n vader gaan praten over de ziekte van mama?
Hv Dat was je van plan maar we hebben dit niet echt afgesproken.
M   Oh, ik dacht dat ik dat moest doen.
Hv Je moet niets, je maakt toch zelf uit wat je wel of niet doet.
Hv Maar vertel eens hoe is het gegaan deze week, wat is er beter?
M   Eigenlijk niet zo goed, het leek wel of alles slechter ging; ik was de hele week zenuwachtig, kon me niet zo goed concentreren op school en sliep 's nachts ook niet goed.
Hv Was er geen momentje dat het beter ging?
M   Nu je het zo vraagt, ik moet wel zeggen dat ik me dinsdagochtend iets beter voelde.
Hv Wat was er die ochtend anders?
M   Ik had slecht geslapen en had een proefwerk. Ik herinnerde me ons gesprek van vorige week en dacht dat het goed was dat ik over mijn probleem ging praten. Ben voor de les naar mijn klassenlerares gegaan en heb haar (huilend) verteld over wat er met me aan de hand is.
Hv Wat goed van je, hoe kwam je daar zo op om dat te doen?
M   Wat ik al zei, ik herinnerde me ons gesprek van vorige week en daar zei ik eigenlijk zelf dat ik graag degene wil worden die ik wil zijn, namelijk een goede dochter voor mijn ouders. Als ik dat wil moet ik wel over mijn probleem kunnen praten en niet alleen maar verdrietig blijven.
Hv Ik begrijp het, knap hoor!
Hv Hoe ging dit gesprek?
M   Het was heel erg prettig. Joyce, zo heet mijn klassenlerares, heeft mij erg goed opgevangen. Ik heb mijn hele verhaal ook aan haar kunnen vertellen en ze reageerde heel erg leuk en spontaan. Eigenlijk dacht ze al dat er iets speelde en ze had mij er ook op aan willen spreken. Was eigenlijk wel een beetje trots dat ik haar voor was. In ieder geval luchtte dit gesprek me erg op. Ook Joyce wil me helpen. Heb haar verteld van ons gesprek en ook zij vindt dat ik goede ideeën heb. Voelde me die ochtend sterk en wat dacht je: ik had een zeven voor het proefwerk.
Hv Geweldig, besef je dat je dit allemaal zelf hebt gedaan?
M   Ja eigenlijk wel.
Hv Wat zou je kunnen doen om je vaker lekkerder te voelen?
M   In ieder geval wil ik met Joyce erover blijven praten van tijd tot tijd. Misschien helpt het ook als ik er met anderen over praat.
Hv Sterk plan.
Hv Miranda, ik wil vandaag nog eens iets anders bij je introduceren. Het is een zogenaamde schaalvraag, die misschien voor jou een handig hulpmiddel is.
M   U maakt me nieuwsgierig, wat is een schaalvraag?
Hv Stel je een cijferschaal voor, een lijn van 0 tot 10. Dit is dan jouw, laten we zeggen goede-dochter-schaal. De 0 staat dan voor het moeilijkste moment dat je hebt gehad. Kun je dit nog terughalen?

M   Dat was, denk ik, de zondagnacht voordat ik naar u toekwam. Ik heb toen bijna niet geslapen, was voortdurend in paniek en haalde me de vreemdste dingen in mijn hoofd. Die ochtend erop was ik geradbraakt en die maandag heb ik me voort moeten slepen.
Hv Ja, dat moet wel een vreselijke beleving voor je zijn geweest.
Hv De 10 staat echter voor het moment dat je tegen me zegt dat je het zelf allemaal weer aankunt, dat jij jezelf een goede dochter voelt, en je mij niet meer nodig hebt.
M   Ik hoop dat dat moment nog lang weg is.
Hv Waarom hoop je dat?
M   Ik kan nog veel van u leren.
Hv Ik ben juist degene die van jou leert, ik sta er steeds van te kijken hoe je dingen aanpakt.
M   Hmmm.
Hv Wil je eens proberen aan te geven waar jij jezelf op deze schaal zou plaatsen?
M   Nou, zo goed gaat het nog niet, ik zou zeggen een 1.
Hv Dan ben je toch al een puntje geklommen op deze schaal?
M   Dat is wel zo maar het is nog niet zo'n hoog cijfer.
Hv Een puntje is toch een mooi begin?
M   Ja, daar hebt u gelijk in.
Hv Nu wil ik je vragen hoe het komt dat je al van een 0 naar een 1 bent geklommen?
M   Moeilijk te zeggen, ik voel me toch wel een ietsepietsie beter.
Hv Waar zit 'em dat ietsepietsie dan precies in?
M   Misschien komt het doordat ik al aan twee mensen heb verteld waar ik me zo rot door voel.
Hv Dat zou heel goed kunnen, dat helpt vaak. Realiseer je je dat je dat zelf teweeg hebt gebracht, Miranda?
M   Ja, eigenlijk is dat zo, ik ben zelf hiernaartoe gegaan en heb ook zelf om het gesprekje met Joyce gevraagd.
Hv Nou, dat puntje heb je mooi te pakken en verdiend.
Hv Als we eens vooruitkijken op deze schaal, waar zou je dan de komende weken, laten we zeggen over een weekje of drie, willen aanbelanden. Waar zou je tevreden mee zijn?
M   Dat is een moeilijke vraag. Eigenlijk hoop ik op een 6 maar ik ben ook wel erg bang voor dingen die kunnen gebeuren. Als ik over drie weken op een 3 sta dan ben ik wel op de goede weg.
Hv Dat lijkt me heel reëel.
Hv Probeer nu eens te beschrijven hoe die 3 er dan uitziet. Wat is er dan anders?
M   Moeilijke vraag, ehmmm... ik denk dat ik dan al een beetje degene ben die ik zou willen zijn.

Hv Ja, dat was je doel, hè? Hoe ziet dat beetje er precies uit?
M   In ieder geval wil ik het gesprek met Joyce openhouden, ja ik wil wekelijks met haar praten. Verder wil ik tegen mijn vriend zeggen dat ik na school thuis wil zijn en dus niet beschikbaar ben voor hem. Het liefst zou ik door de week mijn eigen gang gaan en hem alleen in het weekend willen zien. Ja, dat wil ik.
Hv Ik kan je begrijpen, is er nog meer dat er anders is als je bij de 3 gekomen bent?
M   Ja, ik wil dan minder angstig zijn, met name 's nachts.
Hv Hoe kun je dat aanpakken?
M   Ik heb geprobeerd met m'n vader te praten. Dat is niet gelukt, hij is best wel gesloten en ik ben bang dat hij me afwijst. Dit zou me nog onzekerder maken.
Hv Wat zou je nog meer kunnen doen?
M   Tja, ik wil toch bij die 3 komen, dat moet! Hé, ik weet het! Ik zei laatst dat ik papa met zijn broer hoorde praten, weet u nog? De vrouw van papa's broer, tante Jop noem ik haar, die moet ook op de hoogte zijn. Ik kan erg goed met haar opschieten, ze woont alleen zo ver weg. Ik zou heel graag met haar willen praten. Ook al is er slecht nieuws, dan nog weet ik dat zij me goed opvangt. Ze woont in Arnhem en ik zou zaterdag naar haar toe kunnen gaan. Ja dat doe ik! Mijn vriend moet ik dan maar afzeggen, ik wil ook liever niet dat hij meegaat .
Hv Je klinkt vastberaden, het is net of er heel veel kracht bij je loskomt.
M   Ja, dat is ook zo, ik weet dat ik dat wil.
Hv Wat heb je er voor nodig dat het gaat lukken, het is toch een hele onderneming.
M   Ja, ik weet dat ik naar zaterdag toe nog wel eens zal gaan twijfelen. Misschien is het goed dat ik mijn plan ook aan Joyce ga vertellen. Dat zal me ook helpen. Ik kan het treinkaartje vast reserveren, dat is ook een stok achter de deur. En, laat ik dat niet vergeten, ik ga tante Jop sms'en dat ik langskom.
Hv Ik vind dat je vanmiddag hard hebt gewerkt, Miranda. In dit halfuurtje heb je ontzettend veel dingen bedacht. Ik zit met verbazing te kijken en te luisteren naar alles wat je bedenkt. En, dat vind ik heel belangrijk om tegen je te zeggen, ik vind dat je heel erg logische en verstandige dingen zegt. Ik kan merken dat je goed nadenkt over hoe je je doel, degene worden die je wilt zijn, wilt bereiken. Fantastisch, ik ben bijna geneigd om te applaudisseren.
M   Ik sta eigenlijk ook wel van mijzelf te kijken, moet ik u zeggen. Ik weet ook niet waar het aan ligt maar als ik hier ben krijg ik steeds fantastische ideeën en voel ik me sterk worden.
Hv Ik heb eigenlijk weinig toe te voegen aan jouw plannen. Heb er een heel goed gevoel bij en ik zou je graag volgende week weer zien om te horen hoe het er voor staat.
M   Ik wil het u ook graag vertellen.

Hv Nou dan tot volgende week Dinsdag, zelfde tijd?
M Oké, tot dan.

Toelichting op het tweede gesprek: oplossingsgerichte houdingsaspecten en technieken

Ook in dit gesprek komen de oplossingsgerichte houdingsaspecten en technieken duidelijk naar voren.

Houdingsaspecten

Anders kijken naar je cliënt
In dit gesprek probeert de hulpverlener zijn cliënt, wederom, te zien als capabel en competent. In dit gesprek was dat best lastig omdat Miranda erg verdrietig was, de hulpverlener meeleefde met haar en geneigd was haar (vaderlijke en/of professionele) adviezen te geven. Het kostte even moeite om de blik weer scherp te krijgen en in te zoomen op een competente en krachtige, jonge vrouw. Dit beginsel was ook in dit gesprek essentieel. Stap je als hulpverlener hiervan af, en dat mag natuurlijk, dan krijgt het gesprek een ander, minder oplossingsgericht karakter.

Houding van niet-weten
Steeds weer is er de lichte neiging om de cliënt het een en ander uit te gaan leggen en als hulpverlener je mening (je bent toch immers zo ervaren) te geven of in te vullen. Waarom ging Miranda naar haar klassenlerares? Je denkt het wel te weten: om uitstel te krijgen voor het proefwerk of misschien om advies te krijgen over wat te doen? Nee, de reden was dat Miranda zich heeft voorgenomen 'degene te worden die ze wil zijn'. Daar kwam haar motivatie vandaan.

Door het aannemen van de houding van niet-weten komen de unieke nuances van de cliënt pas echt tot leven.

Ruim gezichtsveld
Als oplossingsgericht hulpverlener is je visie open en principieel ongelimiteerd. Het gesprek kan alle kanten op. Zo kan het zijn dat je met je cliënt een gesprek krijgt over zijn denkpatroon, maar het kan ook heel goed gaan over zijn gevoelsleven. Soms gaat het over hemzelf (intrapsychisch) maar vaak ook over relaties en gezinssystemen. Binnen de oplossingsgerichte methodiek zal het gesprek daardoor soms erg empathisch van karakter zijn (Rogers, 1975), zal er soms sprake zijn van een relationele of gezinsrelationele therapeutische invalshoek en kan een gesprek emancipatorische trekjes krijgen. Je cliënt voert je hiernaartoe, en jij, als oplossingsgericht hulpverlener, bent bedreven in gespreksvoering en laat alle 'elementen' werkzaam zijn. Hoe onvoorspelbaar, en leuk, kan gespreksvoering zijn.

In dit gesprek kwamen in feite alle hier genoemde elementen in een bepaalde vorm en mate terug.

Kleine stapjes
In dit gesprek volgt de hulpverlener zijn cliënt en gaat mee in al haar stapjes. De cliënt zegt niets verder gekomen te zijn maar komt na een aarzeling met een 'uitzondering'. Deze wordt er uitgelicht door de hulpverlener en geaccentueerd. Bij nadere beschouwing blijkt een klein stapje toch wel heel essentieel.

Technieken
De typisch oplossingsgerichte technieken die de hulpverlener in dit gesprek gebruikt zijn:
- het stellen van de beginvraag 'wat gaat er beter?';
- vragen naar uitzonderingen;
- het stellen van de schaalvraag;
- oplossingsgericht taalgebruik;
- het geven van oplossingsgerichte feedback.

Wat gaat er beter?
Door het stellen van deze vraag ligt het accent meteen op de oplossing in plaats van op het probleem.

Vragen naar uitzonderingen
De hulpverlener vroeg op een gegeven moment aan Miranda of er een momentje was dat het al beter ging. Het antwoord was ontkennend. Dit is vaak erg illustratief voor cliënten in problemen. Er is een sterke focus op het problematische en men ziet vaak geen enkel lichtpuntje. Bij nadere beschouwing, en doorvragen, blijken er bijna altijd wel momentjes geweest te zijn dat het probleem er even niet was of minder heftig was. Hierop de aandacht vestigen betekent vaak dat de cliënt weer nuances gaat zien. Ook voor Miranda was dit in dit gesprek zo. Aanvankelijk was er geen enkel lichtpuntje en bij nadere beschouwing heeft zich toch een belangrijke ontwikkeling voorgedaan. De cliënt krijgt langzaam een ander perspectief.

De schaalvraag
In dit gesprek vraagt de hulpverlener zijn cliënt om haar streven een goede dochter te zijn op een schaal aan te geven. Zij antwoordt door te zeggen dat ze op een 1 zit. Met de schaalvraag haalt de hulpverlener Miranda uit haar zwart-witdenken ('zolang het niet goed gaat, gaat het slecht') en, met name door te vragen waar ze op de schaal zou willen zijn, brengt hij dynamiek in haar doelproces. Door erop door te vragen, ziet Miranda ook de nuance van de oplossing en komt ze op een lumineus idee.

Oplossingsgericht taalgebruik
Het gesprek is gericht op het ontdekken van de kracht van de cliënt. Het taalgebruik van de hulpverlener, met name zijn vraagstelling, getuigt hiervan.

Feedback
Ook in dit gesprek is de feedback van de hulpverlener essentieel, positief en voornamelijk impliciet. In het laatste gedeelte van het gesprek geeft hij nog wel expliciet feedback door te zeggen dat hij niets heeft toe te voegen aan de plannen van Miranda. Hiermee geeft hij aan dat hij de plannen van Miranda volledig ondersteunt en geeft hij haar het gevoel dat ze het echt kan.

6.8.3 Derde gesprek en afsluiting

Hv   Hallo Miranda, goed je weer te zien.
M   Dat is wederzijds.
Hv   Wat is er beter?
M   Nou, het was een hectisch weekje.
Hv   Ik ben benieuwd naar wat er is gebeurd.
M   Ik ben zaterdag bij tante Jop in Arnhem geweest en ik ben hierdoor heel veel aan de weet gekomen.
Hv   Goed van je dat je, ondanks het feit dat je het heel moeilijk vond, toch bent gegaan.
M   Ja, ik ben ook heel blij dat ik ben gegaan.
Hv   Wat ben je aan de weet gekomen?
M   (Begint te huilen.) Ze heeft mij verteld dat mijn moeder toch wel erg ziek is. Ze heeft een bijzondere spierziekte en het kan goed zijn dat ze snel zal aftakelen en misschien ook niet zo oud zal worden. Ze heeft me goed opgevangen en gezegd dat ik altijd bij haar terechtkan. Ik heb het de volgende dag met m'n moeder besproken, papa was hier ook bij. Het was voor ons allemaal een heel emotioneel moment maar het heeft me ook erg opgelucht.
Hv   Wat heb jij dat goed aangepakt, Miranda. Waar haal je de kracht vandaan?
M   Ik weet het ook niet, sta van mijzelf te kijken. Op weg naar Arnhem in de trein had ik wel steeds die schaalvraag voor ogen. Ik wilde per se niet op de 1 blijven steken. Dit is nu al gelukt.
Hv   Zullen we de schaal er nog eens bijhalen, Miranda? Waar sta je op deze schaal op dit moment?
M   Ik zit nu zeker al op een 3, zoals ik al zei ben ik opgelucht, nu we erover kunnen praten.
Hv   Wat is nu het volgende tussenstationnetje dat je zou willen bereiken op de schaal?
M   Ik denk dat ik nu wel binnen een paar weken een 5 kan bereiken.
Hv   Wat is er dan veranderd ten opzichte van nu?
M   Ik wil niet verder met mijn vriendje en met tante Jop heb ik het gehad over het aanvragen van thuiszorg.

Hv Wat zou er in die nieuwe situatie veranderd zijn?
M   Ik gaf niet zoveel meer om mijn vriend, we zijn heel erg verschillend. Daarnaast claimde hij me heel sterk en dit bracht me steeds aan het twijfelen. Als er thuiszorg kan komen, bijvoorbeeld een paar ochtendjes per week, zou mij dat heel veel werk schelen en zou ik weer meer aandacht aan school kunnen besteden. Volgend jaar moet ik op stage en ik begin me hier al een beetje op te verheugen.
Hv Ik sta versteld van je, hoe je dit allemaal in zo'n korte tijd hebt bedacht. Als ik zo naar je luister ben ik gewoon trots op je.
M   Dat zei papa ook al tegen mij. Misschien ben ik nu al een beetje de dochter die ik zou willen zijn.
Hv Misschien is dat ook al een beetje het geval. Het zal de komende tijd nog wel zwaar voor je worden maar ik heb het gevoel dat je heel sterk bent en veel aankunt.
M   Ik zou graag nog eens komen vertellen hoe het me gaat. Is dat goed?
Hv Ik vind dat een uitstekend plan. Ik wens je het allerbeste en geef je mijn vertrouwen mee.
M   Dank u wel voor alles.
Hv Je hebt het zelf gedaan.
M   Bij u heb ik mijn plannetjes bedacht en u hebt me hierin gesteund.
Hv Dankjewel.

Toelichting op het derde gesprek: houdingsaspecten, uitgangspunten en technieken

We zullen eens kijken wat het oplossingsgerichte gehalte was van dit laatste gesprek.

In feite komen in dit gesprek ook weer alle uitgangspunten van de methodiek aan bod. De hulpverlener neemt een houding aan van niet-weten en blijft zijn cliënt beschouwen als competent. Hij sluit aan bij de (kleine) stapjes van de cliënt en hij complimenteert waar mogelijk.

In dit gesprek handhaaft de hulpverlener zijn visie op de cliënt, en in dit gesprek wordt de oplossingsgerichte houding van de hulpverlener als het ware beloond. Miranda heeft het vertrouwen in zichzelf herwonnen en komt duidelijk bij haar eigen kracht en hulpbronnen. In feite bepaalt Miranda nu zelf hoe ze oplossingen zoekt. In dit geval zoekt ze het ook weer duidelijk in de systeemgerichte hoek en de hulpverlener gaat hierin mee.

In deze fase van het hulpverleningsproces zijn de interventies van de hulpverlener erg beperkt. Hij handhaaft zijn houding van niet-weten, bewondert en moedigt aan. Dit is een stadium dat je als hulpverlener met cliënten kunt bereiken nadat je het oplossingsgerichte voorwerk hebt gedaan. Je hebt de autonomie van meet af aan bij de cliënt gelaten, en dit werpt nu z'n vrucht af. Toewerken naar een afsluiting is dan het parool.

Ook in dit afsluitende gesprek is de feedback van de hulpverlener nadrukkelijk aanwezig. Hij geeft zijn feedback door het hele gesprek heen waardoor zijn 'boodschap' impliciet wordt verstrekt.

6.9 Benodigde competenties voor oplossingsgericht werken

Het oplossingsgericht werken vergt een andere manier van kijken naar je cliënt. Veel hulpverleners zijn getraind op het ontdekken van het probleem van de cliënt om het vervolgens te analyseren. Na de probleemanalyse wordt een plan gemaakt om het probleem op te lossen, te verkleinen of draaglijk te maken.

Oplossingsgericht werken vereist een andere visie. Je cliënt is geen 'vat vol problemen' maar 'een bron van kracht'. Omdat je je als hulpverlener niet fixeert op het probleem, is er dus ook geen sprake van een probleemanalyse. De oplossingsgerichte hulpverlener focust op de kracht van de cliënt, soms nauwelijks zichtbaar, maar altijd te vinden. Zoals gesteld vormt deze wijze van kijken de basis van de methode. Vanuit zijn kracht stelt de cliënt vervolgens doelen. Twee competenties zijn hiervoor van essentieel belang. Ten eerste moet je je eigen referentiekader op de achtergrond kunnen zetten en vertrouwen op de visie van de cliënt (houding van 'niet weten'). Vervolgens moet je krachten kunnen waarnemen, ook daar waar de cliënt die zelf niet direct ziet.

In het oplossingsgericht werken lijkt het alsof de hulpverlener bijna geen invloed heeft. Dat klopt voor zover het de inhoud betreft. De hulpverlener heeft echter wel veel invloed op het oplossingsgerichte proces. Hij is gespitst op uitzonderingssituaties, stimuleert de cliënt om iets wat werkt vaker te doen, vraagt door op concreet gedrag in veranderingssituaties, presenteert de cliënt een gunstig toekomstperspectief, laat de dynamiek van de groei zien en complimenteert waar mogelijk. De derde competentie die een oplossingsgerichte hulpverlener moet bezitten is dan ook procesdeskundigheid.

De begeleiding bestaat uit het toepassen van de technieken, zoals in dit hoofdstuk staat beschreven. Het op passende wijze toepassen van deze technieken is de vierde competentie die nodig is om oplossingsgericht te kunnen werken.
Een van deze technieken is het aan de cliënt 'teruggeven' van wat je ziet, voelt of ervaart. Dit vind ik het meest subtiele aspect van de methode; in de feedback ligt als het ware de kennis, vaardigheid en ervaring van de hulpverlener besloten. Als deze feedback ondeskundig wordt toegepast, verwordt oplossingsgericht werken al gauw tot een simpel trucje. Het proces kan dan gemakkelijk 'sterven

in schoonheid'. De hulpverlener en cliënt beginnen enthousiast aan een oplossingsgericht proces: erg mooie woorden en voorstellingen van de hulpverlener, een superenthousiaste cliënt, direct resultaat, het kan niet op. Maar na een paar weken blijkt dat de cliënt zijn doelen niet voor elkaar krijgt of kan laten beklijven. Dit is al te vaak een gevolg van een net niet subtiel genoeg gevoerd proces. De vijfde competenties is het authentiek en integer bewonderen van alle successen en succesjes van de cliënt.

Behalve als standaardmethode leent oplossinggericht werken zich ook uitstekend als basismethode waarbij combinaties gemaakt worden met elementen vanuit andere methodieken. Voor een sociaal werker vind ik deze eclectische vaardigheid een must. De oplossingsgerichte basislijn is dan als een aorta die de basis vormt van het proces, maar ook de 'methodische uitstapjes' als het ware voorziet van zuurstof. Een combinatie die ik zelf veel heb toegepast was die van oplossingsgericht met systeemgericht werken. In feite gaat het dan ook om loten van dezelfde boom. In de praktijk zijn allerlei eclectische toepassingen denkbaar. Door de eclectische toepassing van oplossingsgericht werken maak je gebruik van de positieve en werkzame elementen van oplossingsgericht werken maar ook van die van andere methodieken. Hierdoor kun je optimaal aansluiten bij vraag en behoefte van je cliënt. Een zesde competentie is dan ook om het oplossingsgericht werken los te kunnen laten als het niet werkt. De hulpverlener moet dan wel over meerdere werkwijzen kunnen beschikken. Het is en blijft echter een stuk gereedschap dat pas goed tot zijn recht komt in de handen van een vakman: een geschoolde professional die over kennis, vaardigheid en (het liefst) ervaring beschikt en eclectisch kan werken. Uiteraard is de aanwezigheid van een oplossingsgerichte overtuiging de basis voor succes.

6.10 De meerwaarde van oplossingsgericht werken

In dit hoofdstuk heeft de lezer kennisgemaakt met oplossingsgericht werken. Het insteekniveau was het maatschappelijk werk waar prima met de methodiek gewerkt kan worden.

Wat ik met name heb willen aangeven is dat oplossingsgericht werken een visie is van waaruit je kunt werken. Het beziet de mens als een krachtvol wezen dat altijd in staat zal zijn om keuzes te maken ter verbetering van de levenskwaliteit. Wellicht herkennen veel lezers zich in deze visie en willen ze de oplossingsgerichte benadering graag in hun werk toepassen. Dit hoofdstuk biedt hiertoe aanknopingspunten.

Wat ik ook met nadruk heb proberen aan te geven is dat oplossingsgericht werken, net als andere methodieken, eclectisch aangewend kan worden. Juist ook hierdoor ontstaat er meerwaarde. De methode is simpel in essentie maar subtiel in de uitvoering die van de hulpverlener ervaring, bekwaamheid en kennis vraagt.

Bovenal vraagt de methode van de hulpverlener geloof in de kracht van zijn cliënt.

De methode is erg leuk om mee te werken. In feite is ieder gesprek vanuit de oplossingsgerichte grondhouding een ontdekkingstocht, en je staat vaak versteld van de uniekheid van ieder mens.

Oplossingsgericht werken is momenteel hot. Er wordt heel veel mee gewerkt. Dit komt door het tijdsbeeld; immers wij mensen vinden dat we zelf competent, zelf verantwoordelijk en mondig zijn. Dit sluit weer nauw aan bij het sociaal-constructivisme, de stroming die aangeeft dat de mens zijn eigen werkelijkheid creëert.

In mijn optiek is de oplossingsgerichte werkwijze een verrijking voor de hulpverlening en helpt deze benadering menige cliënt zichzelf als uniek mens te (her)ontdekken.

Reflectievragen

1 Elke begeleiding is gericht op oplossingen. Waarom is ervoor gekozen om juist dit aspect in de naam op te nemen?
2 Wat wil een begeleider bereiken met 'de wondervraag'?
3 Hoe dragen de grondhouding en de technieken van het oplossingsgericht werken er aan bij om de regie over de hulpverlening maximaal bij de cliënten te laten?
4 In het tweede gesprek met Miranda zegt de hulpverlener: 'Ik ben juist degene die van jou leert, ik sta er steeds van te kijken hoe je dingen aanpakt'. Waarom zou hij dit zo zeggen?
5 Waarom vindt de schrijver het belangrijk dat de oplossingsgerichte hulpverlener over relatief veel ervaring beschikt?

7 Cliëntperspectief

Wie zegt dat je onder leed moet lijden?
Het recht op eigen betekenisgeving

door Marlieke de Jonge

Marlieke de Jonge is stafmedewerker Empowerment bij Lentis, een organisatie voor geestelijke gezondheidszorg in Groningen, waar zij zich inzet voor de empowerment van cliënten. Op haar negende kwam ze voor het eerst in aanraking met de psychiatrie. Inmiddels heeft ze ruim veertig jaar ervaring met de geestelijke gezondheidszorg en de verslavingszorg. Ze is lang actief geweest in de cliëntenbeweging, werkte vervolgens bij wat toen het Regionaal Ziekenhuis Groningen heette, en is intussen al weer zeven jaar actief bij Lentis.
Marlieke de Jonge is landelijk bekend vanwege haar niet aflatende inzet om bruggen te bouwen tussen de psychiatrie en de samenleving. Zij doet dit op haar eigen unieke wijze via lezingen, debatten, artikelen, deelname aan adviesraden en gedichten.

Marlieke de Jonge benoemt dat er in de afgelopen twintig jaar binnen de psychiatrie en hulpverlening veel veranderd is; er kwamen nieuwe invalshoeken met bijbehorende benamingen als patiëntgestuurd. Dit boek is hiervan een bewijs. De Jonge wijst op het gevaar dat het blijft bij (nieuwe) woorden alleen. Vanuit haar eigen ervaring met de psychiatrie weet ze hoe belangrijk het is om als hulpvrager werkelijk ruimte te krijgen voor eigen beleving en betekenisgeving.

Denken in categorieën bemoeilijkt werkelijk contact met de ander. De Jonge pleit in dit verband voor compassie en niet-oordelen. Dit sluit aan bij de uitgangspunten voor dialooggestuurde hulp- en dienstverlening. Andermans zingeving in iemands leven leidt alleen maar tot meer vervreemding en afstand van de betrokkene tot zichzelf.

Ook komt aan de orde dat een probleemgerichte benadering stigmatiserend werkt. Zo'n invalshoek stelt het ziektebeeld op de voorgrond, in plaats van mobilisatie van eigen kracht. Eigen kracht mobiliseren speelt uiteraard een beslissende rol bij de Eigen Kracht-conferentie, en is ook het uitgangspunt van verschillende in dit boek beschreven benaderingen, zoals oplossingsgericht werken en rehabilitatie.

Twee verhalen
Ik heb een klein verhaal en ik heb een groot verhaal.
 Als het goed is, houden die verhalen verband met elkaar. Maar omdat het niet zo is, haal ik ze liever uit elkaar. Het kan makkelijk beschuldigend overkomen. Vooral bij

mensen die werken in wat ik wel eens vals betitel als 'de leedverwerkende industrie.' Alsof u als burger ook nog verantwoordelijk moet zijn voor de manier waarop onze gemeenschappelijke samenleving omgaat of niet omgaat met leed, lijden, ziekte, dood en 'pech onderweg'. Nee, dat is nou net niet de bedoeling.

Er is een groot verhaal en er is een klein verhaal. Het grote verhaal gaat over de samenleving, het kleine over omgaan met elkaar in werk, huis en leefomgeving.
Het grote verhaal gaat over de koers, het kleine over ons dagelijks doen en laten.
Laat ik maar met het grote beginnen.

7.1 Maatschappelijk parkeergaragebeleid

Ik houd niet van het grote verhaal. Omdat het niet zo leuk is. Maar het moet wel gezegd worden, anders blijven we erin gevangen.
 Het grote verhaal gaat over maatschappelijk parkeergaragebeleid. Maatschappelijk parkeergaragebeleid is de bufferzone van het sprookje van de Beheersbare Samenleving. De psychiatrie maakt daar deel van uit. Naast jeugdzorg, verslavingszorg, vluchtelingenwerk, maatschappelijke opvang, en de politie niet te vergeten.
 Opdracht is: beschadigde exemplaren van de menselijke soort repareren of uit beeld parkeren. Ik zeg het met opzet een beetje cru.
 Onze samenleving, de samenleving van 'ons soort mensen' wil niet gestoord worden door kinderen en mensen die ons confronteren met de onrechtvaardigheid en de kwetsbaarheid van het bestaan.
 Alleen succesverhalen worden gewaardeerd. Succesverhalen gaan over genezen, herstellen, aanpassen en zwijgen. 'Integratie', zeggen we tegen mensen met een andere culturele achtergrond. Meer van hetzelfde dus, dan voelen wij ons veilig.
 Tijd voor een gedichtje over uitsluiting. Ik heb het in meerdere varianten, zoals van het verpleegtehuis en de gedwongen opname. Hiernaast volgt de variant van het asielzoekerscentrum.

Hoe het afschuifsysteem werkt, komt scherp in beeld als er iets misgaat. Als een tbs'er ontsnapt, als iemand zelfmoord pleegt in het openbaar, als een kind doodgaat aan mishandeling en we horen dat op de tv.
 Wie krijgt de schuld? Juist: de zorg in kwestie. Iemand moet de schuld krijgen, dan is de droom van de beheersbare wereld weer heel.
 De zorgsector wordt ervoor betaald en daarop afgerekend. Maatschappelijk parkeergaragebeleid: u als lid van de samenleving zorgt voor zwijgen. Voor elk verzet een etiket. Voor elk etiket een zorgprogramma en een uitkering. Zo hebben we dat geregeld: keurig, humaan en hygiënisch.

Uitsluiting

Asielzoekerscentrum

*Als dit iets van gemeenschap is
dan lig ik er nu buiten.
Een eigen plek
en iemand zijn,
daar kan ik wel naar fluiten.*

*Ik dacht: de vrijheid is van mij,
mijn recht op eigen leven.
Ik doe mijn best
en speel mijn rol,
meer kan ik toch niet geven?*

*Maar blijkbaar is dat niet genoeg:
ze eisen integratie.
Dat 'ik' verdwijn
verleden tijd
een toekomst voor de natie*

*die mij wel adopteren wil
als ik me kan verliezen.
Weg taal, verhaal,
geschiedenis ...
wat heb ik nog te kiezen?*

*Het leven heeft geen achteruit,
mijn 'roots' ben ik verloren.
Niemand zijn
is nu mijn lot
om nergens bij te horen.*

*Voor wie niet past is leven hard,
je bent een confrontatie.
De kwetsbaarheid
van het bestaan
verdraagt geen variatie.*

Schaatsen op glad ijs

Werken in de vuilnisbak van de samenleving is schaatsen op glad ijs. Dus af en toe vliegt er een de bocht uit. Voor mij als insider is dat bij de prijs inbegrepen. Leven is niet pijnloos. Verlies, dood en onmacht horen erbij. Maar ja, dat is niet wat mijn buren, familie en medeburgers willen weten. Die geloven nog in een maakbare en probleemloze wereld. Alles is oplosbaar en daar hebben wij burgers personeel voor.

Actueel voorbeeldje.

Unicef tussen de reclameblokken: 'Unicef helpt kinderen in conflictgebieden om nooit meer bang te zijn.' Dat is een leugen. Dat kunnen ze nooit waarmaken: er is geen reparatie voor een basis van verraad. Ook met de beste hulp woekert het generaties door. Je kunt de schade beperken, maar niet oplossen als de kraan open blijft staan.

Maar ja, wat kan een organisatie als Unicef? Zeggen wat ze zelf wel weten, dat hun werk eigenlijk niets uithaalt zolang de rest van de wereld vrolijk doorgaat met kinderen de vernieling in helpen? Dat wordt ze zeker niet in dank afgenomen.

Dus je sust de wereld in slaap en laat ze hun illusies.

Het grote zwijgen

Het moet wel verteld en gehoord worden, het grote verhaal. Al heb je het een-twee-drie niet gekanteld.

Dat verhaal is trouwens geen nieuw verhaal. Ik heb het halverwege de jaren tachtig gevonden in de medische bibliotheek van Dennenoord. Toen de psychiatrie nog mijn huis was en de wereld zo groot als het inrichtingsterrein. Veilig als de veiligheid van niets te verliezen. Uitzichtloos.

In *Geschiedenis van de Waanzin* noemt Foucault het grote zwijgen dat met de verlichting en het rationalisme onze westerse samenleving in geslopen is. In zijn tijd hadden ze nog geen parkeergarages en hij is filosoof, ik niet. Maar we zien ongeveer hetzelfde, hoop ik, geloof ik.

Dat boek heeft me wakker geschud uit mijn psychiatrische winterslaap. Iemand moet naar buiten verhuizen en het zwijgen doorbreken. Want daar zit de kern van de pijn van psychisch lijden, in het product van uitsluiting: *eenzaamheid en isolement*. Anders gezegd: *ik* zit niet zo met leed en lijden. Ik zit met een omgeving die het niet verdraagt. Wat betekent dat ik mijn grote mond moet houden en er niet mag zijn.

Dat zeg ik liever in een gedichtje:

Overdosis

Ik voel me zo oud
al ben ik pas veertien:
zoveel geweten,
zoveel gezien.

Zoveel gezien
en zoveel verzwegen:
zoveel geheimen
in mijn hoofd.

Ik kan er de woorden
niet meer bij vinden.
Als zwijgen geboden is
heeft dat geen zin.

Als er niemand is
om te vertrouwen
en je ervaringen
leugens zijn

dan leer je te zwijgen
en te verbergen,
te leven als
een gesloten systeem.

Ik heb geleerd
te overleven
door niet reageren
en niemand te zijn.

Ik ben wel
wie ze hebben willen,
steeds een ander,
een toverbal.

Ik zeg wel
wat ze horen willen,
de leugens die
de waarheid heet.

Maar alles is geweten
en geregistreerd.
Niets veranderd,
niets vergeten, wacht het.

Ik doe niet aan
procesverwerking,
ik ben gewoon
een opslagplaats.

En nu is het
te veel geworden,
de grens bereikt,
ik kan niet meer.

Ik denk dat ik
maar ga verdwijnen:
niemand en dus
nooit geweest.

Het grote verhaal is voor het kader en de koers om zicht te krijgen op het spel waar hulpverleners en patiënten samen in gevangen zitten.

Het spel van biologische ziekte, individuele problemen en persoonsgebonden leed en lijden.

Het spel van genezen en rehabiliteren. In absurde vorm per Diagnose Behandel Combinatie (DBC).

Het spel van onmacht.

Ons eiland.

Om te kantelen moeten we overstappen naar het kleine verhaal. Veranderen doe je niet achter een bureau of in de politieke werkelijkheid. Dat doe je van mens tot mens in het dagelijks samen-leven.

Contact

Ik ben niet op zoek naar het grootste gelijk of de heilige waarheid, laat staan een sluitende oplossing. De werkelijkheid kent zoveel gezichten.

Wat maakt de weg uit? Als de koers maar dezelfde is. En als we elkaar maar af en toe ontmoeten onderweg.

De rest heet vertrouwen.

Weg

Als je weggaat,
welke weg ga je dan?
De weg van verlaten
verbinding verbroken
of de weg terug
van weggeweest?

Er is geen weg terug
en terug is geen weg.

Als je weggaat,
neem de weg onderweg.
Dan leer ik vertrouwen
om afstand te dragen.
Onderweg
komen we elkaar
vast wel tegen.

Ik ben op zoek naar contact.
Misschien vindt u contact vanzelfsprekend.
Ik niet.
Voor mij is het dagelijks ploeterwerk om in de buurt te blijven.
Contact, wat is dat eigenlijk?
Contact is de kleinste variant van samen-leven.
Samen-leven is je verbinden en verbonden voelen of weten met de mensen om je heen. Lotsverbondenheid, meer stelt het eigenlijk niet voor. En tegelijk is dat alles waar het leven om draait: er onvoorwaardelijk bijhoren. Dat wilt u en dat wil ik, dat willen alle kinderen en mensen die ik hier een beetje zichtbaar probeer te maken.

'Er-zijn', 'iemand zijn' en 'erbij-horen'.

Een mens alleen is een zinloze onderneming, een kind alleen gaat dood. Maar 'erbij-horen' zonder 'er-zijn' en 'iemand-zijn' is ook niet goed genoeg.

Zonder ruimte voor eigen beleving en betekenisgeving blijft contact leeg en is het leven niet de moeite waard.

Onteigening

Als patiënt heb ik desnoods recht op eigen ervaring en een eigen verhaal, maar mijn recht op eigen beleving en betekenisgeving ben ik kwijt. Dat is bij de zorgprijs inbegrepen.

Het recht op betekenisgeving is voor de patiënt net zoiets als keuzevrijheid in een DBC-gestuurd zorgsysteem: zeezeilen in een visvijver.

Als patiënt heb ik een *zorgafhankelijke identiteit*. Alles wat ik denk, zeg of doe is al ingeperkt door andermans verklaringen over mijn bestaan.

De meeste ernstig beschadigde kinderen zijn die speelruimte trouwens al eerder onderweg verloren. Reden waarom ze in de psychiatrie belanden. Of in de verslavingszorg.

De psychiatrie sluit daar naadloos op aan en verschaft legitimatie voor pijn, problemen en symptomen: een pseudo-identiteit, een ziektebeeld. En ziekte-inzicht als het meezit. Of tegen.

Het is maar hoe je er tegenaan kijkt. Zo'n diagnosecategorie is natuurlijk niet bedoeld als identiteit, maar dat wordt het makkelijk bij gebrek aan tegenwicht.

Ik signaleer drie schadelijke bijwerkingen:
1 De probleembenadering: de focus op onmacht, defect en falen.
2 De dominantie van het ziektebeeld. Daar kun je met eigen beleving en betekenisgeving niet tegenop.
3 De uitsluitende rol.

Ter illustratie van het laatste:
Een journalist van *de Volkskrant*: 'Ja, maar u bent een psychiatrische patiënt. Dan kunt u niet ook een baan hebben. Dat begrijpt de lezer niet.' Tsja, zo houden we de lezer dom. En de misverstanden in stand.

Jojo

Vandaag ben ik
en morgen een ander.
Je zegt maar
wie je hebben wilt.

Ik ontken wat ik zeg,
ik ben wie je wilt,
ik zie wat jij
de waarheid noemt.

Ik ben geen bedreiging
van je wereld.
Ik lach mijn waarheid
naar fantasie.

Ik geef je de ruimte
om niet te zien
en niet te horen
wat ik gezegd heb.

Ik lach om mijn tranen
om angst en pijn,
ik lach me een plaats
in je wereld.

Ik moet toch
ergens overleven?
In mijn eentje
kan ik niet.

Ik ben je speelgoed,
ben je jojo,
goochel je leven
met je mee.

Ik ben niet,
ik ben jij,
een deel van jou,
nooit losgekomen.

De dominantie van het ziektebeeld is even hardnekkig. En absurd. Omdat de verklaringsmodellen, de invulling en de plaats in de top tien geregeld veranderen. En jouw identiteit als patiënt zwabbert mee.

Anorexia is nog steeds het stervoorbeeld. Ik krijg het pas als ik 18 ben. Eerder is het etiket nog niet uitgevonden. Vervolgens heb ik een dominante moeder zien passeren, de vrouwenemancipatie, de biologische verklaring, misbruik, spiritualiteit of de duivel, en de slanke lijn.

Met bijhorende meest *evidence based* therapieën. Terwijl het gewoon mijn beste overlevingsstrategie is. Daar moet je de aanval niet op openen. Het is mijn antipsychoticum, mijn regenjas tegen een behoorlijk gestoorde samenleving. Echt jammer dat je er dood aan gaat op het eind.

Dat is mijn verhaal.

Zoals andere patiënten een ander verhaal hebben.

Een ziektebeeld zegt niets over beleving en betekenisgeving. Het werkt onteigenend. *Ziekte-inzicht blokkeert zicht op zelf.*

Probleemgericht focust die benadering met de beste bedoelingen op onmacht in plaats van eigen kracht te helpen mobiliseren.

Zo vind ik in een zorgplan mijn hele leven gefileerd in zorgbehoeften. Van woonbegeleiding en structuur (nooit de mijne) tot therapie a t/m z en medicatie.

Zorgbehoefte. Staat er wel eens iemand bij stil dat er ook behoefte is aan zorgen voor?

Bijdragen aan je leefomgeving, ertoe-doen, weten dat er op je gewacht wordt, dat anderen je nodig hebben?

Patiënt centraal

Is er dan helemaal niets veranderd de laatste pakweg twintig jaar? Patiëntcentraal, cliëntgestuurd, de zorgconsument? Jawel, jawel. Maar vooral de vorm en de buitenkant.

> Telefoontje:
> 'Hallo! Met Jan.'
> 'Nee, ik heb geen vriendin. Want ik ben schizofreen.'

Er is een verschil.

Dat verschil zit in het antwoord op mijn vraag hoe hij zo zeker weet dat hij schizofreen is.

10 jaar geleden: 'Dat zegt mijn psychiater.'
5 jaar geleden: 'Dat heeft mijn moeder gelezen in de *Libelle*.'
nu: 'Dat heb ik van internet.'

Maar het antwoord op de vraag: 'Wat vind je er zelf van?' blijft gelijk.
'Ik?' Stilte.
Of: 'Dat weet ik niet' of: 'Daar heb ik nog niet over nagedacht.'

Er is nog een verschil.

Vroeger wist niemand iets van autisme of ADHD. Nu heeft iedereen er een mening over. Wat ongeveer op hetzelfde neerkomt. Niemand vraagt. En als niemand vraagt, besta je niet. Als deel van een doelgroep ben je je eigen identiteit verloren. Of dat nu in de psychiatrie gebeurt of daarbuiten, dat maakt niet uit.

Categorieën-denken is contact vermijden.

En bij uitsluitende categorieën is dat funest voor je kans op 'er-zijn' en 'iemand-zijn', je eigen leven zelf betekenis geven. Dat geldt voor moslims, Marokkanen en junks, dat geldt voor joden en psychiatrische patiënten.

Wie zegt dat je onder leed moet lijden?

Wie zegt dat je onder leed moet lijden?

De patiënt niet. Die heeft niks te zeggen dan wat anderen voorgeprogrammeerd hebben.

Maar wellicht de mensen die achter de patiënt nog best te vinden zijn.

Het ergst van alles is de eenzaamheid.

De eenzaamheid die het gevolg is van een samenleving die niet kan omgaan met haar schaduwkanten.

Depressie

Mijn duisternis kun je niet delen.
Wacht op mij
in de schemering
als je wilt,
zodat ik niet alleen ben als ik thuis kom.

Wie zegt dat je onder leed moet lijden?

Ik heb iets tegen die automatische koppeling van leed en lijden. Je kunt ook lachen om je leed of er iets van leren of er verschrikkelijk boos om worden. Bruikbare energie. Als je het maar kunt delen. Zonder dat anderen er meteen een waardeoordeel of een mening over hebben.

Tijd. Beschadigde mensen hebben tijd nodig. En vertrouwen. Compassie. Dat vind ik een mooi woord: compassie. Omdat het niet oordeelt.

Gewoon is wat je gewend bent

Wie zegt dat je onder leed moet lijden?

Wat je gewend bent, is gewoon.

Beschadigde kinderen hebben leren overleven. Het helpt niet om daar dramatisch over te doen. Drama's scheppen evenveel afstand als ontkenning. Onder elkaar praten wij wegwerpkinderen er dan ook heel klein over. Een half woord is genoeg als je kunt accepteren.

In het ziekenhuis:
'Zoek jij een huis voor mijn kat?', vraagt ze. 'Ja', zeg ik. 'Oké', zegt ze.
De volgende dag staat het gezicht van de verpleging op zwijgen. Ik weet dat ze niet meer terugkomt. Dus ik zoek een huis voor haar kat. Zo'n kat, daar moet je voor zorgen.

Zomaar een voorbeeld.
In de wereld van de kinderhandel is seks geen thema. Daar praat je niet over. Dat wordt niet van je verwacht. Waar kleppen wij kinderen dan over onder elkaar? Over dromen van een eigen plekje. Huisje, tuintje, boompje, beestje – het kan niet kneuterig genoeg zijn.
Seksistische grapjes kan ik nog steeds niet begrijpen. Ik hoop maar dat ik op het goede moment lach. Op dat soort punten voel je de afstand. Waar anderen lachen, zit bij jou leegte.
Want wat je gewend bent, is gewoon.

Zingeving
Nadenken en zoeken naar zingeving kunnen helpen je eigen energiebron te vinden en de verbinding met anderen en de wereld om je heen. Maar alleen op basis van eigen beleving en betekenisgeving.
De snelle route lijkt mij niets – door ervaring wijs geworden. Je laat je zo snel invullen als je niemand bent. Andermans zingeving in jouw leven leidt alleen maar tot meer vervreemding en afstand in jezelf en via je afwezige zelf tot anderen.
Ik loop liever de langzame contactroute. Sinds kort bij de polikliniek Integrale Psychiatrie van Lentis, bij Rogier Hoenders. Ik ben er gewoon toevallig beland, op zoek naar een coach die durft aansluiten bij de werkelijkheid, zoals ik die beleef, die mijn rugzak met ervaringen kan verdragen zonder die te diskwalificeren als hallucinaties, waandenkbeelden, drama's of ziekte.
Er mogen zijn zoals je bent – dat is zo belangrijk. En echtheid, authenticiteit – daar let ik ook op. Iemand om meer te vertrouwen dan jezelf in een wereld die van leugens aan elkaar hangt.
Zoals de rare scheiding psycho-somatiek of mijn geluk versus het geluk van de wereld, het spook van het Grootste Gelijk en Zeker Weten.
Iemand die ook grenzen weet in de onbegrensde werkelijkheid zodat je er niet helemaal verdwaalt. Een landingsbaan. En de weg onderweg? Wat is de weg? Ik heb een gids nodig.

7.3 Onderweg in de gevarieerde samen-leving

Nu moet ik het kleine verhaal weer aan het grote verhaal koppelen.
 Het grote verhaal van maatschappelijk parkeergaragebeleid en zwijgen.
Anders dan in de tijd waar Foucault over spreekt, heeft het beheersbare samenlevingsgeloof zijn langste tijd gehad.
 Het lekt in de garage. Het wordt te duur op den duur. Het gaat aan eigen 'succes' ten onder.

Buiten de zorgwereld, ons eiland, duikt een nieuw paradigma op. De *civil society*, de samenleving als gemeenschappelijk knutselproject. Die benadering past de realiteit van de steeds meer gevarieerde samen-leving beter.
 In de *civil society*, de surfende samenleving, hoeven statische doelgroepen en monoculturen niet meer. Omdat leven met onzekerheid uitgangspunt is, is het veel minder een probleem. Hoef je er niet meer zo bang voor te zijn.
 Ik zit niet zo met het lijden, maar met een omgeving die het niet verdraagt.
 Wat is er nou eigenlijk mis met anders-zijn? Als je eraan went, wordt het vanzelf gewoon.

Gewoon anders

Als het niet gewoon kan
doe ik het gewoon anders.

Anders is ook gewoon
maar dan anders.

Eigenlijk hetzelfde dus
de koers
de richting
het doel.

Een gevarieerde samenleving begint met ontmoeting.

> **Hallo vreemdeling**
> **jij en ik**
>
> *Hallo vreemdeling aan de overkant.*
>   *Zie je me?*
>   *Hoor je me?*
> *Of ben ik uit beeld verdwenen?*
>
> *Denk je echt dat we zoveel verschillen?*
>   *Jij bent bang,*
>   *maar ik ook.*
> *Zou jouw angst heel anders voelen?*
>
> *Wat weet jij van mij, wat weet ik van jou?*
>   *Onbekend,*
>   *zo dichtbij*
> *komen we elkaar niet tegen.*
>
> *Zeg eens, beter-mens in je luchtkasteel*
>   *heb je nooit*
>   *hoogtevrees*
> *of denk je dat je kunt vliegen?*
>
> *Twijfel je nooit aan je grootste gelijk*
>   *zoals ik*
>   *elke dag?*
> *En sluit je me daarom buiten?*
> *Ik vraag jou en mezelf hoe vrij we zijn.*
>   *Jouw waarheid,*
>   *mijn waarheid*
> *zijn naadloos in afstand gevangen.*
>
> *Hallo vreemdeling aan de overkant,*
>   *denk je niet,*
>   *wordt het tijd*
> *om de oversteek te wagen?*
>
> *Als jij één stap doet, durf ik er wel twee.*
>   *Even slikken,*
>   *welbeschouwd*
> *is het maar tien meter lopen.*

Om met mijn *sister in arms* Loesje te spreken: 'Het lijkt simpel en dat is het ook.'

Als de onmacht toeslaat, heb ik een heel eenvoudige methode om de koers te houden. Ik ga erbij zitten, haal eens diep adem, land in mezelf en bedenk in welke wereld ik wil leven. De eerstvolgende stap gaat in die richting. Je kunt een ander niet veranderen, wel jezelf.

Leed en lijden horen onlosmakelijk bij het leven zelf. Leugens en ontkennen niet. Leugens en ontkennen zijn instrumenten van het Grote Zwijgen.

Niet intrappen, gewoon koers houden.

Reflectievragen

1 De Jonge spreekt over 'maatschappelijk parkeergaragebeleid'. Dit noemt ze 'het grote verhaal'. Op welke wijze zou je als hulpverlener de ander kunnen helpen uitsluiting tegen te gaan?
2 Op welke wijze ben jij als professional deel van het grote verhaal? Hoe kun je de betekenis van het 'kleine verhaal' tot zijn recht laten komen?
3 Als De Jonge het over contact heeft, gebruikt ze de begrippen 'dezelfde koers', 'ontmoeting' en 'vertrouwen'. Geef aan hoe deze begrippen zich tot elkaar verhouden, en hoe je ze in je werk met cliënten kunt concretiseren.
4 Hoe ga je zelf om met anders-zijn?
5 Hoe zou je mensen kunnen helpen van een zorgafhankelijke identiteit te komen tot een zorgonafhankelijke identiteit?
6 De Jonge ontkoppelt de begrippen 'leed' en 'lijden'? Hoe kijk jij hier tegenaan?
7 Leg een relatie tussen het verhaal van De Jonge en een van de hoofdstukken over professionele benaderingen.

8 Reflectie

Aansluiten bij het perspectief van de cliënt. Betekenisgeving en ervaringsleren als professionele kernwaarden

door Jean Pierre Wilken, Alfons Ravelli en Lia van Doorn

De in dit boek gepresenteerde benaderingen kunnen gezien worden in het licht van een zich ontwikkelende nieuwe professionaliteit. Kernbegrippen bij het professioneel handelen hierbij zijn: betekenisgericht, krachtgericht en dialooggestuurd. In dit slothoofdstuk onderzoeken we welke kenmerken deze nieuwe professionaliteit heeft. Dit gebeurt deels aan de hand van de in het boek beschreven benaderingen en deels aan de hand van andere invalshoeken.
Deze beschouwing is verkennend van aard. De contouren van de nieuwe professionaliteit tekenen zich pas de laatste jaren duidelijker af. Uit de verzameling bijdragen voor dit boek blijkt dat in verschillende hoeken van het veld van hulp- en dienstverlening relatief onafhankelijk van elkaar nieuwe benaderingen ontstaan. Door een aantal van deze in één bundel samen te brengen, wordt zichtbaar dat zij gemeenschappelijke kenmerken vertonen. Er tekent zich een nieuwe stroming af.

8.1 Een andere manier van werken

De in dit boek beschreven werkwijzen en methoden zijn verschillend van karakter. Toch hebben ze een aantal gemeenschappelijke kenmerken.

In de eerste plaats is er veel aandacht voor de ervaringen van mensen zelf en voor de betekenis die zij zelf aan hun leven, hun situatie of probleem geven.

In de tweede plaats wordt een beroep gedaan op de mogelijkheden die mensen zelf hebben om hun situatie te veranderen.

In de derde plaats valt op dat professionals die gebruikmaken van deze benaderingen op een bepaalde manier opereren.

Hun opstelling zou in steekwoorden gekarakteriseerd kunnen worden als:
- terughoudend
- ondersteunend
- aansluitend

- ontsluitend
- positief
- bekrachtigend
- bemiddelend
- includerend

Deze houding lijkt haaks te staan op de werkwijze van professionals die de laatste decennia vooral gericht zijn op eigen interventies. Hun opstelling kan omschreven worden als: sturend en oplossend. De professional heeft de positie van deskundige. Vanuit deze positie wordt hij geacht een probleemdiagnose te stellen en oplossingen aan te dragen. Zijn kennis is bij voorkeur gebaseerd op wetenschappelijke inzichten en op (voor)gestructureerde interventiemethoden.

Het gaat hier niet om de vraag of dit type professional nu beter of slechter werkt dan het andere. Het is gewoon een verschillende manier van werken. Het ene type professional is ook niet actiever dan het andere. De aandacht en energie lijken alleen op een andere manier te worden aangewend. De professional die zich richt op probleemoplossende interventies voldoet prima in situaties waarin er snel gehandeld moet worden omdat er bijvoorbeeld gevaar dreigt voor de eigen gezondheid of die van anderen. De professional waarover in dit boek gesproken wordt, lijkt meer tijd te nemen en zich meer te richten op duurzame resultaten. Toch betekent dit niet altijd dat het lang duurt voordat er een oplossing is. Zo is bijvoorbeeld mediation gericht op snelle oplossingen. Eigen Kracht-conferenties worden soms ingezet bij zeer ingewikkelde en acute situaties zoals huiselijk geweld en ernstige opvoedingsproblemen. Oplossingsgerichte gesprekken vinden soms plaats met mensen die suïcidaal zijn.

In dit boek zijn een aantal vernieuwende benaderingen gepresenteerd. Wat ze gemeenschappelijk hebben, is dat er veel waarde wordt gehecht aan de eigen kennis en ervaringen van de burger. Er wordt gewerkt met en vanuit de betekenisgeving die mensen toekennen aan hun situatie en de vragen waarvoor zij gesteld worden. Hiermee verandert het karakter van de professionele hulp- en dienstverlening.

In deze beschouwing komen een aantal kenmerken van deze nieuwe sociale professionaliteit aan de orde. In paragraaf 8.2.1 gaan we in op de visie op hulp- en dienstverlening. Het onderwerp van paragraaf 8.2.2 is het handelingskader. In paragraaf 8.2.3 bespreken we een aantal houdingsaspecten. Vervolgens gaat het in paragraaf 8.2.4 om de vraag welke kennis en vaardigheden bij de nieuwe professionaliteit horen. Terwijl in paragraaf 8.2.5 de vereiste vaardigheden worden belicht. In paragraaf 8.3 gaan we in op enkele concepten die voor de nieuwe professionele benaderingen van belang zijn: de sociaal-constructivistische benadering, betekenisvol leren, ervaringsgericht leren (of ervaringsleren), en krachtgericht of empowerend werken.

8.2 Kenmerken van de nieuwe sociale professionaliteit

8.2.1 Visie op hulp- en dienstverlening
In de visie op hulp- en dienstverlening zoals die zich hier ontvouwt, staan de volgende vier elementen centraal:
1. de ervaringen van de cliënt;
2. de betekenis die hij hieraan geeft;
3. de oplossing waaraan de cliënt zelf de voorkeur geeft;
4. de mogelijkheden die hij zelf heeft om de oplossing te realiseren.

De ervaringen van de cliënt worden als waardevol beschouwd. Het is niet aan de professional om er een waardeoordeel over te vellen. Persoonlijke ervaringen hebben intrinsieke waarde, dat wil zeggen dat ze, los van de emotionele en rationele kleur van die ervaring (positief, neutraal, negatief), op zichzelf van waarde zijn. Ze zijn van waarde omdat ze tot de unieke levensgeschiedenis van de persoon horen, en een bijdrage leveren aan zijn identiteitsvorming. Meerwaarde ontstaat als er geleerd kan worden van ervaringen. Later in het hoofdstuk komen we hierop terug.

De betekenis die de cliënt aan zijn ervaringen geeft, is bepalend voor de waarde die hij eraan toekent. Uiteraard sluit die waarde aan bij iemands wereld- of levensbeeld en zijn denkbeelden. Het blijkt dat professionals die in de verschillende benaderingen figureren hier neutraal tegenover staan. Zij spreken ook geen waardeoordeel uit over de inhoud van de betekenisgeving. Wel helpen zij betekenissen te construeren, en als het even kan, iets positiefs te doen met die betekenissen.

Als het om een probleem gaat dat opgelost moet worden, of om een levenssituatie die om verbetering vraagt, sluit het nieuwe type professional aan bij de oplossingsrichtingen die de cliënt zelf in gedachten heeft. Natuurlijk kunnen er wel suggesties gegeven worden voor mogelijke oplossingen, maar in eerste en in laatste instantie is het de cliënt die beslist welke oplossing hem het beste lijkt.

Ten slotte gaat het om de eigen inzet van de cliënt bij het realiseren van de oplossing of verbetering. De professional doet een beroep op de mogelijkheden die mensen zelf hebben om hun situatie te veranderen. Dit kan ook leiden tot de inzet van het eigen netwerk van de cliënt, zoals dat gebeurt bij de Eigen Kracht-conferentie.

8.2.2 Handelingskader
Ook waar het gaat om het handelingskader zijn de benaderingen in dit boek op een aantal uitgangspunten vergelijkbaar. De uitgangspunten verschillen in de wijze waarop zij handen en voeten krijgen. Dat is logisch. De toepassingsgebieden

zijn verschillend, en ieder gebied vraagt om meer of minder specifieke aanpakken. Zo richten mediation en Echt Recht zich op het oplossen van conflicten, focust oplossingsgericht werken op het zelf vinden van oplossingen die passen bij de eigen situatie, en gaat het bij de Eigen-Kracht-conferentie vooral om het mobiliseren van een sociaal netwerk.

De presentiebenadering is gericht op een nabije, intensieve en langdurige betrokkenheid bij mensen in een zeer kwetsbare positie, en al het goede dat daaruit voort kan komen. Hetzelfde geldt voor de rehabilitatiebenadering, met een sterk accent op het leren omgaan met de eigen kwetsbaarheid, hand in hand met mogelijkheden voor herstel en ontwikkeling.

De benaderingen variëren van een redelijk gesloten vorm van structurering (mediation, Echt Recht, Eigen-Kracht-conferentie, oplossingsgericht werken) tot een redelijk open vorm van structurering (presentie- en rehabilitatiebenadering).

Een interessante vraag is of benaderingen elkaar ook kunnen aanvullen. Ons inziens kan oplossingsgericht werken prima passen in een rehabilitatiebenadering, waarin een cliënt in het kader van het streven naar een persoonlijk doel wil werken aan de oplossing van een probleem. Hetzelfde geldt voor de Eigen Kracht-conferentie. De presentiebenadering van Baart en de daarmee verwante zorgethiek van Van Heijst (2005) bieden een prima fundament voor de relatie met hulpvragers.

De benaderingen in dit boek lijken te passen in een tijdsgewricht waarin een beroep wordt gedaan op de eigen inzet van de burger. Dit is onder andere een uitgangspunt van de Wet maatschappelijke ondersteuning (Wmo). Burgers worden geacht zelf oplossingen te bedenken en zelf de juiste hulp in te roepen, bij voorkeur uit de naaste omgeving. Toch is lang niet iedereen daar op eigen kracht toe in staat. Denk bijvoorbeeld aan mensen met ernstige psychische of lichamelijke beperkingen. Daar waar mensen zelf moeilijk in staat zijn greep op hun eigen leven te krijgen, hun stem te verheffen of voor zichzelf op te komen, zijn anderen nodig om hen hierbij te helpen. Die anderen kunnen mensen uit het directe sociale netwerk zijn, of professionals. Professionals die zich bijvoorbeeld bedienen van een van de werkwijzen die in dit boek zijn beschreven.

8.2.3 Houding
We gaan nu in op enkele houdingsaspecten die voortvloeien uit de hiervoor besproken visie op hulp- en dienstverlening. We onderscheiden acht aspecten. De opstelling van de professional is terughoudend, ondersteunend, aansluitend, ontsluitend, positief, bekrachtigend, bemiddelend en includerend. We laten ze hierna de revue passeren.

1 De professional stelt zich *terughoudend* op. Een terughoudende attitude is om meerdere redenen van belang. Allereerst schept zo'n houding ruimte voor het verhaal van de ander. De ervaringen van de cliënt moeten verteld kunnen worden. De professional heeft hier vooral een luisterende rol. Ook bij het zoeken naar oplossingen is de professional terughoudend. Het gaat er immers in de eerste plaats om dat de cliënt zelf nadenkt over wat hij wil en hoe hij de situatie zou willen aanpakken. In de presentietheorie spreekt men in dit verband van een 'latende modus'. Terughoudendheid voorkomt dat het verhaal in de verdrukking komt, of dat de eigen ideeën van de cliënt niet tot uitdrukking gebracht kunnen worden.

2 De professional is *ondersteunend*. Deze ondersteuning kan verschillende vormen aannemen. Het kan gaan om ondersteuning bij het vertellen van het verhaal. Sommige mensen hebben moeite hun ervaringen onder woorden te brengen of ze te plaatsen in de bredere context van hun levensgeschiedenis. De professional kan de betrokkene dan helpen ervaringen te vertellen en te begrijpen. Hij kan helpen betekenis te geven aan de ervaringen.
De professional is ondersteunend bij het vinden van oplossingen en het geven van uitvoering aan de acties die tot het gewenste resultaat kunnen leiden. Hij heeft dus vooral een faciliterende rol. Verder kan de ondersteuning bestaan uit morele ondersteuning, het aandragen van opties voor oplossingen, of uit praktische steun.

3 De benadering van de professional is *aansluitend*. Hij sluit aan bij de ervaringen van de cliënt, bij diens betekenisgeving, bij diens ideeën voor verbetering. Goed aansluiten is een kunst. Het vraagt een open houding en een *open mind*. De professional staat voor de taak de ander te begrijpen. En vaak niet alleen op een rationeel niveau, maar ook op een emotioneel en symbolisch niveau. Betekenisgeving heeft te maken met een persoonlijke constructie van de werkelijkheid. De constructie vindt plaats op meerdere niveaus. Het is aan de professional om de cliënt te helpen deze constructie een plaats te geven in zijn of haar leven. Zij zegt immers ook veel over de motieven van mensen, inclusief hun motivatie om een bepaalde situatie te willen of durven veranderen.

4 De professional werkt *ontsluitend*. De ervaringskennis van betrokkenen wordt door de werkwijze van de professional ontsloten. Dit kan verschillende effecten hebben. Het kan zijn dat er allerlei emoties loskomen omdat de ontsluiting van ervaringen een verwerkings- of rouwproces op gang brengt. De ontsluiting kan ook als *bevrijdend* ervaren worden. Van Nijnatten geeft dit voorbeeld: 'Cliënten hebben vaak het idee totaal beheerst te worden door het probleem en niets te kunnen veranderen aan de loop der gebeurtenissen; zij hebben geen benul zelf een positie in te nemen en kunnen de moeilijkheden niet zien als concrete, reële levensfeiten waarop greep te krijgen is. Reflectie

helpt cliënten zich te bevrijden uit de beklemming van de ziekmakende situatie waarin zij zijn ondergedompeld' (Van Nijnatten, 2005, p. 31).

5   De professional is *positief*. In al de beschreven benaderingen staat een positieve en optimistische houding voorop. De professional gelooft in de cliënt als een unieke persoon met unieke eigenschappen en een unieke geschiedenis. Hij gelooft ook dat ieder mens mogelijkheden heeft om zichzelf tot uitdrukking te brengen. Een andere opvatting is dat de cliënt en zijn omgeving mogelijkheden hebben om zelf oplossingen te bedenken en verbeteringen te realiseren.

6   De professional is *bekrachtigend*. De professional heeft niet alleen een positieve insteek, maar stelt zich bovendien bekrachtigend op. Hij wil het beste in de ander bovenhalen. Hij sluit aan bij talenten, kennis en vaardigheden die de cliënt zelf in huis heeft, maar wijst de ander er ook op dat hij deze kennis en vaardigheden in kan zetten. Hij benoemt mogelijkheden en maakt ze daardoor zichtbaar. Hij erkent en bevestigt ook dat de kennis en vaardigheden van de ander waardevol en bruikbaar zijn. De professional hanteert dus impliciet en expliciet een krachtenperspectief. Van Regenmortel omschrijft dit als volgt: 'De krachtenbenadering appelleert en stimuleert de processen van veerkracht die steeds sluimerend aanwezig zijn. De krachtenbenadering gaat ervan uit dat alle mensen en omgevingen (…) een inherente capaciteit tot leren, groeien en veranderen in zich hebben. Het is de taak van de hulpverlener om deze krachten samen met de hulpvrager en zijn omgeving op te sporen en te mobiliseren' (Van Regenmortel, 2008).

7   De professional is *bemiddelend*. We kunnen verschillende vormen van 'bemiddeling' onderscheiden. De professional vervult een intermediaire rol daar waar het de cliënt zelf betreft. Waar nodig helpt hij de hulpvrager bij het omzetten van ongeordende ervaringen naar bruikbare ervaringskennis. Een andere vorm is het vervullen van een verbindingsrol tussen de cliënt en anderen. Dit kan zijn: het sociale netwerk van de cliënt (zoals bij de Eigen Kracht-conferentie, mediation en rehabilitatie) of van andere burgers (zoals bij Echt Recht). Bij mediation vervult de professional het meest uitgesproken de rol van middelaar. Hij heeft een (tijdelijke) brugfunctie, zodat mensen elkaar (weer) kunnen bereiken en samen tot een oplossing kunnen komen.

8   De professional werkt *includerend*. We kunnen hier drie betekenisaspecten onderscheiden. Het eerste aspect is dat er nooit gewerkt wordt zonder de persoon om wie het gaat, maar altijd met en vanuit die persoon. De basisbenadering is dat er gewerkt wordt vanuit principes van samenwerking en dialoog, waarbij dikwijls ook belangrijke sleutelfiguren uit het sociale netwerk van de cliënt betrokken zijn. Dit geldt bijvoorbeeld voor de Eigen Kracht-conferentie.

Het is een inclusieve benadering waarbij alle partijen betrokken worden die van belang zijn. Het tweede betekenisaspect van includerend werken is dat de cliënt primair wordt beschouwd als burger, met alle rechten en plichten die daarbij horen. Als er sprake is van een probleem, beperking of handicap, dan wordt dit probleem of de beperking niet geïsoleerd en tot de centrale focus gemaakt, maar beschouwd als 'slechts' een van de elementen die van belang zijn. Het gaat uiteindelijk om het geheel, waarbij de krachten en mogelijkheden belangrijker zijn dan de belemmeringen. Het derde aspect is dat het in veel benaderingen gaat om sociale inclusie, dus om meedoen en meetellen in de samenleving. Dit geldt bijvoorbeeld voor de presentie- en rehabilitatiebenadering.

8.2.4 Kennis
Welke kennis is nodig om vanuit een nieuwe benadering te kunnen werken?

Voor iedere in dit boek beschreven methode is specifieke kennis nodig. De professional moet weten wat de achtergronden van de benadering zijn, en hoe deze toegepast moet worden. Op de inhoud van deze kennis gaan we hier niet verder in. Interessant is om na te gaan welke typen kennis of kennisontwikkeling naar voren komen. Als leidraad hiervoor nemen we de drie kernbegrippen van dit boek: betekenisgericht, krachtgericht en dialooggestuurd.

Vanuit en binnen de dialoog wordt aan specifieke vormen van kennisontwikkeling gedaan. Deze kennisontwikkeling is meerledig. Het gaat om kennis over de problematiek of de situatie van de betrokkene, zowel voor de persoon zelf als voor de hulp- of dienstverlener (zoals bij mediation) of in andere gevallen voor de naastbetrokkenen (zoals bij de Eigen Kracht-conferentie). Vervolgens gaat het om kennis over oplossingen, over ontwikkelingsmogelijkheden. Deze kennisontwikkeling wordt gekarakteriseerd door een 'gezamenlijk zoeken in dialoog'. Bij de ene benadering is deze dialoog meer gestructureerd dan bij de andere, maar het gaat altijd om een ontdekkende kennisconstructie. In die zin zijn de benaderingen *lerend* van karakter. De professional heeft daarbij de rol om de dialoog tot stand te brengen, als een handelingskader, en binnen die dialoog faciliterend te werken. Tegelijkertijd leert hij zelf van datgene waar de cliënt of andere betrokkenen mee komen. Van Nijnatten stelt dat de professional steeds zoekt naar de inbreng en activiteit van de cliënt: 'De cliënt zal de veranderingen moeten dragen, moeten uitvoeren en moeten bestendigen. Dat is eigenlijk alleen mogelijk indien de wens tot verandering voortkomt uit een door de cliënt gewilde perspectiefverandering. Daarom is de dialoog cruciaal (...). In het gesprek worden immers betekenissen uitgewisseld. De positie van de cliënt is niet alleen een persoonlijke beweging maar een initiatief in een inter-persoonlijk proces waarin betekenissen worden uitgewisseld en perspectieven veranderd' (Van Nijnatten 2005, p. 34).

De kennis die bemiddeld of geactiveerd wordt, kan in hoge mate getypeerd worden als *ervaringskennis*. Ervaringskennis kunnen we omschrijven als de kennis die wordt opgedaan via persoonlijke ervaringen. Enkel ervaringen leiden nog niet tot kennis. Hiervoor is ook reflectie op de ervaringen nodig. Het gaat erom ervaringen in een perspectief te plaatsen, bijvoorbeeld het perspectief van een levensgeschiedenis of van een bepaalde situatie. Soms gaat het er ook om uit meerdere ervaringen, bijvoorbeeld de ervaringen van collega's (professionals) of lotgenoten (cliënten), gemeenschappelijke elementen te halen. Dit leidt tot bepaalde betekenisgeving. Bijvoorbeeld de constatering dat je in verschillende moeilijke situaties eigenlijk altijd wel een oplossing hebt kunnen bedenken. Voor iedereen geldt dat je soms ook moet erkennen dat er ergens geen oplossing voor is.

Een conclusie van onderzoek naar narratieve benaderingen laat zien dat dialoog nodig is om betekenissen naar boven te kunnen halen (zie o.a. Hermans & Hermans-Jansen, 1995). Dit kan een interne dialoog zijn, maar nog krachtiger, en in ieder geval noodzakelijk ter bevestiging van je eigen denkbeelden, is de dialoog met een ander. Ervaringskennis ontstaat dus door reflectie en dialoog.

Een volgende stap is om met de verworven kennis iets constructiefs te gaan doen. Het gaat er dan om de bewust of expliciet geworden kennis te gebruiken voor een gewenst toekomstperspectief of voor het vinden van oplossingen voor een actueel probleem.

Je zou kunnen zeggen dat de professional in het kader van de ondersteunende, faciliterende rol die hij vervult, voortdurend helpt om te *articuleren* en betekenis te *co-constru-eren*. In de communicatie betekent articuleren het duidelijk en nauwkeurig uitspreken van woorden en klanken, waardoor iedereen de spreker goed verstaat. In de sociale beroepen wordt dit begrip ook toegepast als het erom gaat iets inhoudelijk duidelijk tot uitdrukking te brengen. Het woord 'vraagarticulatie' in de zorg betekent bijvoorbeeld: de zorgvraag van de cliënt helder krijgen. Het gaat er om de cliënt te helpen om duidelijk te krijgen 'waar het om draait'.

In de benaderingen die in dit boek beschreven zijn is de professional op verschillende terreinen articulerend bezig. Het gaat daarbij onder andere om ervaringen, wensen, krachten, mogelijkheden en oplossingen. Door iets scherp te verwoorden, ontstaat overzicht en inzicht. Beide zijn bouwstenen om een betekenis te doorgronden en om grip te krijgen op een situatie. Er wordt een bepaalde werkelijkheidsbeleving geconstrueerd die houvast geeft. Het proces van articulatie en constructie kan geplaatst worden binnen het proces van empowerment (Van Regenmortel, 2008). Soms is er ook sprake van *re*constructie. De cliënt heeft bepaalde opvattingen over zijn leven, gebeurtenissen in zijn leven, of over zijn huidige situatie. Deze opvattingen blijken hem niet te helpen tot de gewenste verandering te komen. Hij zit er als het ware in vast. Door iemand te helpen tot een herinterpretatie te komen, bijvoorbeeld door bepaalde cognities ter discussie te stellen

of de visie van anderen te laten klinken, kan iemand zijn werkelijkheidsbeleving wellicht herzien. De interpretatie van gedachten of gebeurtenissen wordt als het ware gereconstrueerd. Hierdoor kunnen nieuwe mogelijkheden ontstaan.
Doordat de professional samen met de cliënt leert over betekenissen van ervaringen waaraan kracht ontleend kan worden, kan hij hierop aansluiten en de cliënt helpen deze kracht positief aan te wenden.

De professional maakt bij dit alles een leerproces door: hij of zij wordt in toenemende mate ervaringsdeskundig. Door in de loop der jaren steeds meer praktijkkennis te verzamelen, is hij in staat steeds beter aan te sluiten bij verschillende typen mensen en situaties. Vanuit een sociaal-constructivistische benadering is hij zelf ook voortdurend bezig met constructie en reconstructie van de werkelijkheid zoals hij die waarneemt. Als je als professional 'klassiek' opgeleid bent, kan dat ook vragen om 'dialogische deconstructie' zoals Heymann (2001) dat noemt. Zij bedoelt hiermee dat de professional in de interactie met de cliënt niet slechts het waardepatroon van de cliënt onderzoekt, maar ook de eigen aannames en op die manier wellicht tot de conclusie komt dat hij zijn eigen aannames moet herzien.

Samengevat wordt de kennis van de professional enerzijds getypeerd door kennis van het methodisch referentiekader dat hij hanteert, en anderzijds door kennis op het gebied van dialoog, articulatie en betekenis(re)constructie. Hierbij zijn onder andere kennis van communicatietheorieën, de sociaal-constructivistische benadering en narratieve of hermeneutische theorieën van waarde. Daarnaast blijft natuurlijk specifieke kennis van bepaalde aandoeningen van belang. Het is bijvoorbeeld handig om te weten wat een psychose is of een autistische stoornis. Maar deze kennis is vooral belangrijk om communicatief en relationeel zo goed mogelijk te kunnen aansluiten bij de ander.

8.2.5 Vaardigheden
Welke vaardigheden hebben werkers nodig als het gaat om de professionele nieuwe benaderingen? In algemene zin gaat het om goede communicatievaardigheden, zoals goed luisteren (gericht op het echt begrijpen van de ander), vragen stellen, samenvatten en feedback geven. Maar vanuit de eerder genoemde visie-elementen gaat het ook om de vaardigheid deze kernelementen over te brengen aan de cliënt.

Bij een klassieke benadering wordt de cliënt vanaf het eerste contact benaderd als een ontvanger, waarbij de professional als regisseur en de cliënt als consument fungeert. In de nieuwe benadering moet de professional van meet af aan duidelijk maken dat de zeggenschap bij de cliënt ligt, en dat de professional een dienstverlenende, cliëntvolgende rol heeft. Professional en cliënt zijn beiden zender en ontvanger, zijn beiden actoren in de dialoog. Maar binnen de dialoog sluit de professional aan op datgene waar de cliënt mee komt, en niet andersom. De professional moet de competentie ontwikkelen om interactief aan te sluiten bij diens leefwereld en ook moet hij het concrete handelingsperspectief van de cliënt voortdurend voor ogen houden. In dit proces gaat het ook om de vaardigheid cliënten te motiveren en stap voor stap nieuwe mogelijkheden te onderzoeken.

Hulpverleners kunnen een motiverende kracht zijn door aan te sluiten bij de dingen die de cliënt zelf motiverend vindt of door in moeilijke tijden optimistisch te blijven. Als de cliënt klaar is om een 'overgang' te maken maar de motivatie nog steeds niet sterk genoeg is, kan de hulpverlener helpen door het proces te ondersteunen. Het is belangrijk om een open dialoog met de cliënt te hebben en uit te gaan van diens standpunt. Het uitgangspunt is dat uiteindelijk de cliënt zelf voor de verandering moet zorgen (Wilken & Den Hollander, 2005).

Door op een empathische manier te reageren en actieve steun te bieden kan verandering worden gefaciliteerd. De steun moet worden afgestemd op de specifieke fase van het veranderingsproces waarin de cliënt zich bevindt. DiClemente & Prochaska (1998) onderscheiden vijf stadia in een veranderingsproces: precontemplatie, contemplatie, voorbereiding, actie en handhaving. Een voorbeeld van een methode die gericht is op het aansluiten bij het veranderingsproces en de versterking van de eigen motivatie van de cliënt is motiverende gespreksvoering, dat veel in de verslavingszorg gebruikt wordt (zie kader).

Motiverende gespreksvoering

Millner en Rollnick (1991) hebben vijf strategieën geformuleerd om de motivationele bereidheid om te veranderen snel te vergroten. Deze strategieën, ook wel bekend als motiverende gespreksvoering, sluiten goed aan bij de genoemde intenties van de nieuwe benaderingen. De strategieën zijn: 1) laten zien dat je je in de ander kunt verplaatsen, 2) een discrepantie ontwikkelen, 3) geen discussie aangaan, 4) met weerstand meegeven, 5) de eigen effectiviteit steunen. Hoewel deze strategieën oorspronkelijk waren bedoeld voor mensen die van hun drankprobleem wilden afkomen, kunnen ze ook voor andere doeleinden worden gebruikt.

Laten zien dat je je in de ander kunt verplaatsen, heeft te maken met empathie. Van empathie is sprake als de hulpverlener adequaat weergeeft wat de cliënt voelt en doormaakt. Om een therapeutische relatie aan te kunnen gaan, moet de cliënt zijn hulpverlener zien als iemand die de keuzes van de cliënt in zijn situatie helemaal begrijpt. Als de cliënt het gevoel heeft dat hij geaccepteerd wordt, leidt dat mogelijk eerder tot verandering. Het is van essentieel belang dat de hulpverlener goed is in reflectief luisteren.

Een discrepantie ontwikkelen: je kunt de cliënt helpen om de discrepantie tussen zijn huidige gedrag en zijn doelen en waarden bewust te worden. Dit betekent dat de nadruk sterk moet komen te liggen op de kloof tussen 'waar hij is' en 'waar hij in feite is' (discrepantie inzetten). Bijvoorbeeld: de hulpverlener benoemt de ambivalentie van de cliënt om iets aan zijn drinkgedrag te doen door te wijzen op de discrepantie tussen de wens om een betere echtgenoot en vader te zijn en de hoeveelheid tijd die hij met 'vrienden' in het café doorbrengt. Een belangrijke eerste stap in dit proces is te achterhalen wat de persoonlijke waarden en doelen van de cliënt zijn. Daardoor zal de cliënt in staat zijn om de beste argumenten voor verandering te presenteren en voor zijn rekening te nemen. De rol van de hulpverlener is dat hij de cliënt prikkelt om zelfmotiverende uitspraken te doen.

De rol van de hulpverlener is dat hij de cliënt prikkelt om zelfmotiverende uitspraken te doen. Hierbij wordt discussie vermeden. De hulpverlener respecteert de betekenisgeving van de cliënt, maar helpt deze wel, waar nodig, ter discussie te stellen, vooral als er een verschil tussen persoonlijke waarden of doelen en het huidige gedrag bestaat. Er wordt dus geen discussie gevoerd op basis van de ideeën van de hulpverlener, maar op basis van de opvattingen van de cliënt, gespiegeld aan zijn toekomstwens.

Weerstand die de hulpverlener bij zichzelf ervaart, kan een indicatie zijn dat hij niet goed weet aan te sluiten bij de betekenis van de cliënt; dat hij zijn eigen perspectief laat prevaleren. Weerstand bij de cliënt is voor de hulpverlener een signaal dat hij van strategie moet veranderen. Met weerstand meegeven betekent dat de professional:
- erkent dat er een meningsverschil bestaat;
- erkent dat zijn eigen analyse ook haar beperkingen heeft;
- benadrukt dat de cliënt zelf verantwoordelijk is voor keuzes en verandering;
- stimuleert dat de cliënt over zijn situatie nadenkt en zich hierover uitspreekt;
- een andere richting inslaat.

Als de cliënt niet een andere richting in wil, dan toont de hulpverlener belangstelling voor de beweegreden(en) van de cliënt. Wellicht komt hij erachter dat het een heel verstandige keuze is. In ieder geval respecteert hij deze keuze.

Gedurende het proces probeert de hulpverlener over te brengen dat hij vertrouwen heeft in het vermogen en de capaciteiten van de cliënt om te veranderen. Alle inspanningen om het gedrag te veranderen worden door de hulpverlener bevestigd. Zo steunt hij de eigen effectiviteit van de cliënt.

De cliënt is de meest waardevolle bron om oplossingen voor problemen te vinden en is verantwoordelijk voor het kiezen en uitvoeren van veranderingsstrategieën. Het is belangrijk om voort te bouwen op de sterke kanten van de cliënt, zijn huidige hulpbronnen en successen uit het verleden.

Een belangrijk ingrediënt van een model waarin voortdurend de eigen motivatie van de cliënt benadrukt wordt is de keuze(vrijheid) van de cliënt. Het in beeld krijgen van de hindernissen die overwonnen moeten worden en de soorten strategieën die hiervoor gebruikt zouden kunnen worden, helpt om overzicht en perspectief te creëren. Het proces levert betere resultaten op als de cliënt zelf kan kiezen wat er verder gaat gebeuren en optimistisch is over de kans op succes (Donovan & Rosengren, 1999).

8.3   Ondersteunende concepten

Voor de nieuwe professionele benaderingen die in dit boek in de schijnwerpers zijn gezet, zijn vier concepten van belang. Deze concepten – de sociaal-constructivistische benadering, betekenisvol leren, ervaringsgericht leren en empowerment – worden in de volgende paragrafen stuk voor stuk toegelicht.

8.3.1   De sociaal-constructivistische benadering

Aansluiten bij de ervaringen en betekenisgeving van mensen betekent ook: aansluiten bij de wijze waarop mensen hun bestaan beleven en interpreteren. Iedereen beleeft de werkelijkheid op zijn eigen wijze. Dit is het uitgangspunt van de sociaal-constructivistische benadering. Deze visie biedt een ondergrond die in het kader van dit boek nuttig is om nader op in te gaan.

> *'If men define situations as real, they are real in their consequences.'*
> (Berger & Luckmann, 1967)

Binnen het sociaal-constructivisme bestaan verschillende stromingen. Ondanks de verschillende accenten die gelegd worden, zijn er wel enkele hoofdlijnen te ontdekken. Burr (2003) noemt er vier:
- een kritische houding ten opzichte van feiten;
- historische en culturele bepaaldheid;
- kennis wordt in de omgang met anderen geconstrueerd;
- verschillend geconstrueerde kennis resulteert in verschillende soorten handelen.

We zullen deze kenmerken een voor een toelichten.

Een kritische houding ten opzichte van feiten
Feiten zijn niet altijd eenduidig. Soms lijkt een feit eenduidig, maar als je andere criteria gebruikt of er op een andere manier tegenaan kijkt, dan zijn het ineens andere 'feiten'. Een voorbeeld uit de hulpverlening is dat mensen die hulp zoeken vaak alleen oog hebben voor alles wat niet goed gaat. Het lijkt dan een feit dat hun leven een puinhoop is. Als de hulpverlener verder vraagt, dan blijkt altijd dat er ook heel veel goed gaat en dat het leven van de betrokkene meer is dan een puinhoop.

> Door niet alle nadruk meer te leggen op wat ik fout vind aan mijn kind, leer ik een ander kind kennen.

De beleving of interpretatie van de werkelijkheid wordt beïnvloed door cognities. Door cognities te veranderen, wijzigt zich ook het beeld van de werkelijkheid. Een therapeutische benadering die hier expliciet gebruik van maakt is de Rationeel Emotieve Therapie (RET) (Jacobs, 1998).

> De opvatting dat iedereen mij aardig *moet* vinden maakt dat ik me geraakt voel als er mensen zijn die mij niet aardig vinden. Door mijn irrationele opvatting kritisch te onderzoeken, ontdek ik dat er geen mens in de wereld is die alle andere mensen aardig vindt. Het is dan ook niet rationeel dat iedereen mij aardig moet vinden. Dit besef maakt dat ik mij minder gekwetst voel als ik mensen tegenkom die mij niet aardig vinden.

Historische en culturele bepaaldheid
De manier waarop we de buitenwereld waarnemen wordt volgens de sociaal-constructivisten in hoge mate bepaald door de tijd en de cultuur waarin we leven. Degene die we nu een kind noemen, was enige eeuwen geleden een volwassene in zakformaat.

Ook is de plaats waar we wonen van invloed op wat we zien en hoe we dat beoordelen.

> Omdat we in Nederland anders naar een kind kijken, handelen we ook anders ten opzichte van dat kind. Een leerkracht die een kind met een liniaal slaat, kan in Nederland terechtstaan wegens kindermishandeling. Nu nog zijn er in de Verenigde Staten van Amerika plaatsen waar het slaan van kinderen als een normale pedagogische maatregel beschouwd wordt (*Centre for Effective Discipline*, 2008).

Kennis wordt in de omgang met anderen geconstrueerd
Belangrijke grondleggers van het sociaal-constructivisme zijn Berger en Luckmann (1967). Zij beschreven hoe de omgang van mensen met elkaar gewoontevorming in de hand werkt en hoe deze gewoonten weer doorgegeven worden aan

anderen. Ze laten ook zien hoe gewoonten per gemeenschap kunnen verschillen en hoe taal daarbij een rol speelt. Feiten zijn wat mensen voor waar aannemen. Wat mensen voor waar aannemen, bepaalt ook hoe zij handelen.

> In een serviceflat wonen enkele oudere mensen die nog voor een groot deel zelfstandig kunnen leven. Op het plein voor de flat staat regelmatig een groep jongeren te kletsen en te roken. Soms drinken ze ook een biertje.
>
> Mevrouw Jansen ergert zich aan deze jongeren en ze is ook een beetje bang voor hen. Ze praat regelmatig over de jongeren met haar buren die zich ook niet veilig voelen. Zowel mevrouw Jansen als haar buren komen steeds minder buiten. Al de keren dat er niets gebeurde zijn ze snel vergeten. Dat een van de jongeren een rotje in de brievenbus gooide, is maandenlang onderwerp van gesprek.
>
> In dezelfde flat woont ook mijnheer Van Duin. Hij herinnert zich nog de tijd dat hij jong was. Hij heeft hier goede herinneringen aan. Hij weet ook nog hoeveel plezier hij had toen ze hem nozem noemden. Als hij langs het groepje loopt, groet hij de jongeren. Gisteren raakte hij in gesprek over de scootertjes die de jongeren bij zich hadden. Hij was verrast over het zachte geluid dat de scooters maakten. 'Wij haalden de geluiddemper vroeger uit de uitlaat', vertelde hij.

Dit voorbeeld laat zien dat datgene wat mensen voor waar aannemen, niet uit de lucht komt vallen. Door gesprekken met andere mensen, door de kranten die ze lezen en de beelden die ze op de televisie zien, vormen mensen zich een beeld van de werkelijkheid. Dit beeld houden ze voor waar.

In de omgang met anderen gebruiken mensen veel woorden. In het sociaal-constructivisme wordt taal niet gezien als spiegel van de werkelijkheid. Praten over de werkelijkheid kan volgens de sociaal-constructivisten veel beter vergeleken worden met een spel.

> Bij het schaken gelden er vaste regels voor wat de verschillende schaakstukken wel en niet mogen. Ook zijn er regels voor de omgang tussen de spelers. Om de beurt doen ze een zet en ze mogen tijdens het spel elkaar niet uitschelden of spugen. Zolang iedereen zich aan de regels houdt, begrijpen de spelers en de toeschouwers elkaar.

In elk gesprek en in elk document gebruiken mensen woorden. Terwijl ze spreken of schrijven, stemmen ze de keuze van hun woorden af op wat in deze context gebruikelijk is.

Mensen stemmen hun woordgebruik niet alleen af op degene met wie ze in gesprek zijn, de betekenis van de woorden is in de ene context ook anders dan in de andere.

> 'Als de koningin geslagen wordt door een loper' betekent iets heel anders als we het over schaken hebben dan wanneer we over koningin Beatrix praten.

Woorden verwijzen dus niet naar een objectieve werkelijkheid, maar krijgen hun betekenis door de context waarin ze gebruikt worden. Dit zien we ook in de interactie tussen sociale professionals. Deze interactie beïnvloedt datgene wat zij voor waar aannemen.

Verschillend geconstrueerde kennis resulteert in verschillende soorten handelen

In de omgang met anderen speelt taal een belangrijke, zij het niet de enige, rol. Verschillend geconstrueerde kennis resulteert in verschillende soorten handelen.

Tot aan het einde van de jaren tachtig van de vorige eeuw waren de behavioristische theorieën in de Nederlandse hulpverlening verdacht. Wetenschappers en hulpverleners gebruikten vaak psychoanalytische theorieën om problemen te analyseren. In de jeugdzorg werd het boek *Kinderen die haten* (Redl en Wineman, 1978) veel gebruikt. Agressie van jongeren werd gezien als het gevolg van 'de overduidelijke ineenstorting van de egocontrole'. Het handelen dat in zulke situaties dan gepast was, blijkt uit het volgende citaat van een leidinggevende, werkzaam in een opvang voor jongeren. (Uit het boek van Redl en Wineman.)

> 'Ik was in mijn kamer aan het telefoneren en de deur was dicht. Mike riep me en zei iets over zijn knipmes, dat ik voor hem in mijn la bewaarde. Ik legde mijn hand op de hoorn en zei: 'Oké, kom maar binnen'. Maar de deur was in het slot gevallen en hij kon hem niet open krijgen. Voor ik de kans kreeg om mijn gesprek even af te breken met: "Eén ogenblikje, ik ben zo terug" bonsde en schopte hij tegen de deur en schold me aan één stuk door uit voor rotzak. Ik deed de deur open en gaf hem zijn mes'.

Het competentiemodel dat de laatste tien jaar in de residentiële jeugdzorg gebruikt wordt berust voor een belangrijk deel op de principes van operante conditionering (Slot en Spanjaard, 1999). Bonzen en schoppen tegen de deur van een leidinggevende wordt in het competentiemodel gezien als inadequaat gedrag, dat niet beloond mag worden.

> Mike zou binnen het competentiemodel waarschijnlijk volgens zeer nauwkeurig omschreven regels feedback hebben gekregen op inadequaat gedrag, gevolgd door een gedragsinstructie. Mogelijk gevolgd door het geven van punten op zijn puntenkaart.

Niet alleen de populariteit van een bepaalde theorie speelt een rol in de werkelijkheidsconstructie van hulpverleners en hulpvragers. Ook de economische en sociale context heeft invloed op datgene wat mensen voor waar houden en hoe ze handelen. Zo is er in onze tijd veel aandacht voor methoden die 'kosten-effectief' zijn, dat wil zeggen: effectieve methoden die snel resultaat hebben, en dus minder duur zijn, hebben de voorkeur. Dat soms andere benaderingen nodig zijn die meer tijd nodig hebben maar wel tot duurzamer resultaten leiden, valt dan buiten het gezichtsveld.

Consequenties van het sociaal-constructivisme voor hulp- en dienstverlening

Wetenschappers en professionals die zich laten leiden door het sociaal-constructivisme zetten vraagtekens bij de vooronderstelling dat mensen autonome subjecten zijn die rationele keuzes maken. Ze laten zien dat ieder individu andere ervaringen heeft gehad, andere woorden heeft geleerd en een eigen emotionele kleur geeft aan die woorden en ervaringen.

> Een jonge vrouw die door haar vader seksueel is misbruikt, kijkt anders naar mannen dan een vrouw van dezelfde leeftijd die altijd een goede relatie met haar vader heeft gehad. Ook heeft het woord 'vader' een andere emotionele lading voor beide vrouwen, en het is niet onmogelijk dat de eerstgenoemde vrouw gevoeliger is voor seksueel getinte signalen die een man uitzendt dan de tweede.

Omdat mensen gedeeltelijk ook dezelfde ervaringen hebben, nemen ze de werkelijkheid ook gedeeltelijk hetzelfde waar. Vrouwen hebben gedeeltelijk een vergelijkbare ervaring die afwijkt van de gedeelde ervaring van mannen. Mensen van eenzelfde generatie hebben gedeeltelijk eenzelfde ervaring die weer afwijkt van de ervaring van mensen uit een andere generatie. Denk bijvoorbeeld aan de muziek die in de puberteit belangrijk was voor iemand en door hem of haar nog steeds mooi wordt gevonden. Ook zie je vaak dat mensen die de jaren dertig en veertig van de vorige eeuw bewust armoede hebben meegemaakt, een andere betekenis aan welvaart en verspilling geven dan mensen die zijn opgegroeid in de welvarende decennia na de Tweede Wereldoorlog.

Groepen mensen die dezelfde ervaringen delen, kunnen dus vergelijkbare constructies van de werkelijkheid hebben. Dit hoeft echter niet, want binnen die groep bevinden zich individuen, die op hun beurt weer verschillende individuele ervaringen hebben. Vanwege het persoonlijke karakter van ervaringen, nemen mensen de sociale werkelijkheid dus niet allemaal hetzelfde waar.

Nu construeert niet alleen een hulpvrager een eigen werkelijkheid, maar ook de hulpverlener. Door iets met elkaar te doen, bijvoorbeeld een gesprek voeren of deelnemen aan een survival, beïnvloeden de hulpvrager en de hulpverlener elkaars werkelijkheidsconstructies. Van effectieve hulpverlening kan uiteraard geen sprake kan zijn als ze het niet eens kunnen worden over minstens een klein stukje werkelijkheid, namelijk over de vraag wat het probleem is. Anders gezegd, mensen construeren hun werkelijkheid in de omgang met elkaar. Vandaar de naam sociaal-constructivisme. Daarbij beïnvloeden mensen niet alleen elkaars constructies. De instellingen waar mensen mee van doen hebben, beïnvloeden ook de gezamenlijke constructie van de werkelijkheid.

Voor dienst- en hulpverleningsprocessen in de praktijk is het van belang dat professionals zich ervan bewust zijn dat zowel zijzelf, hun cliënten als de organisatie waarbinnen zij werken, een eigen werkelijkheidsconstructie hanteren.

Professionals dienen zich te realiseren dat hun werkelijkheidsconstructie in meerdere of mindere mate zal afwijken van die van cliënten. Relevante factoren hierbij zijn onder andere:
- verschil in leeftijd, waardoor er andere historische ervaringen zijn;
- verschillende sociale en culturele achtergronden en daarmee een verschil in normen en waarden;
- verschillende theoretische kennis en ervaringskennis.

De professional heeft vaak de meeste algemene kennis van het type probleem en van methoden die kunnen leiden tot een oplossing. De cliënt heeft de meeste ervaringskennis.

Essentieel voor een effectieve samenwerking is dat professional en cliënt in het contact met elkaar op weg zijn naar een min of meer gedeelde werkelijkheidsconstructie. Deze zal per definitie afwijken van zuivere theoretische modellen, en elementen in zich hebben die te maken hebben met de levenservaringen van de professional en de cliënt. Als het de professional niet lukt om tot een werkelijkheidsconstructie te komen waar de cliënt zich meer of minder in herkent, brengt dit een groot risico van mislukking met zich mee.

8.3.2 Betekenisvol leren

Betekenis geven aan ervaringen
In het kader van dit boek zijn de concepten 'betekenisvol en ervaringsgericht leren' interessant. Betekenisvol leren is afkomstig uit het ontwikkelingsgerichte onderwijs. De bekende Nederlandse leerpsycholoog Van Parreren onderscheidt

naast de actieve constructie van kennis ook het betekenisvolle leren (Van Parreren, 1969). Deze vorm van leren is volgens Van Parreren deels afhankelijk van de mate waarin iemand zelf de behoefte voelt aan nieuwe kennis of oplossingen voor problemen wil vinden. Van Parreren wijst erop dat het voor het verkrijgen van leerresultaten van belang is dat de leerling de kennis of informatie ook werkelijk als van zichzelf beschouwt, zich er persoonlijk aan verbonden heeft en er verantwoordelijkheid voor neemt (Van Parreren, 1974). Vertaald naar hulp- en dienstverlening: het gaat erom dat de cliënt zijn kennis als persoonlijke kennis beschouwt, kennis waarvan hij de eigenaar is.

Constructief leren van ervaringen ontstaat wanneer het tot coherentie of samenhang kan komen. Een verhaal verbindt dan verschillende betekenissen op een zinstichtende manier aan elkaar. Door de mogelijkheid verschillende concepten in een verhaal ('narratief') aan elkaar te verbinden ontstaan samenhang en zin.

Lang geleden schreef de Romeinse filosoof Seneca in zijn brieven aan zijn vriend Lucilius dat wij heen en weer geslingerd worden tussen allerlei wensen en doelen. 'Wat is dat toch, Lucilius, dat ons in de ene richting trekt terwijl wij ons inspannen om in de andere te gaan, en dat ons terugdwingt naar de plaats waar we vandaan willen? Wat is het toch dat strijd voert tegen onszelf en ons niet toestaat eens en voor altijd te bepalen wat wij willen?'

In de narratieve benadering kunnen tegenstrijdigheden het levensverhaal juist plausibel maken. Binnen deze benadering gaat het erom de ander zijn verhaal te laten vertellen en te helpen dit verhaal te (re)construeren. Het verleden accepteren is jezelf accepteren. Nieuwe verbanden ontdekken is betekenis geven. Het verleden herinterpreteren is nieuwe perspectieven voor de toekomst creëren. Ervaringen verwerken tot betekenisvolle samenhangen draagt bij aan het opbouwen of versterken van een identiteit.

Ricoeur (1970) stelt dat onze taligheid, of ons verhaal, de bemiddeling is met behulp waarvan wij onszelf begrijpen. Menselijk leven draait om betekenis. Mensen en gebeurtenissen spreken ons aan op betekenisvolle wijze. In ons spreken (en soms schrijven) proberen we die betekenis te verhelderen en te communiceren. Betekenis bestaat primair in een werkelijkheid bestaande uit ervaringen, gebeurtenissen en ontmoetingen, en in het ons daardoor aangesproken voelen. Door ervaringen om te zetten in taal, ontstaat de afstand die nodig is om tot begrip en kennis te komen.

Begrijpen hoeft overigens niet altijd te zijn: ervaringen tot op het bot analyseren, of: volgens de regels der logica tot doortimmerde rationele conclusies komen. Het kan ook simpelweg het goede gevoel zijn dat je iets begrijpt: 'O ja, zo is dat dus gekomen', of 'Nu begrijp ik hoe dat in elkaar zit'.

Door de betekenisgeving van ervaringen te verwoorden, ontstaat er persoonlijke kennis. De afstand die – via een tekst, een verhaal – gecreëerd wordt tussen de momentele ervaring en de betekenisgeving ervan, is essentieel om de opgedane persoonlijke kennis ook in andere contexten te kunnen gaan gebruiken. Zo is er in toenemende mate aandacht voor ervaringsdeskundigheid, bijvoorbeeld van mensen met psychiatrische ervaringen. Door deze ervaringen te verbinden met die van anderen, kan zij bijvoorbeeld aangewend worden om in de context van hulpverlening te gebruiken.

Overigens is kennis niet iets statisch. Een mens blijft immers voortdurend handelen en ervaren. Door de ervaringen te blijven evalueren en te verbinden met de bestaande kennis, evolueert niet alleen betekenisgeving maar ook het handelen zelf. Dit maakt ontwikkeling mogelijk.

Betekenisgeving zorgt ook voor ordening en structurering van het menselijk bestaan, en is essentieel als houvast en om een gevoel van veiligheid te kunnen ervaren. Door vele verschillende gebeurtenissen in één verhaal samen te brengen, en hier een zekere volgtijdelijkheid of ordening in aan te brengen, ontstaat er een betekenisvol verhaal. Ricoeur duidt dit aan als narrativiteit (Ricoeur, 1986, p. 122 e.v.).

Ervaringen reconstrueren

De socioloog Giddens heeft een theorie over de moderniteit ontwikkeld die ingaat op de betekenis van ervaringen. Zijn uitgangspunt is dat mensen handelingsbekwame en ter zake kundige actoren zijn. Hij gaat ervan uit dat mensen kennis hebben van hun handelen, waardoor zij in staat zijn hun gedrag reflectief te sturen en te controleren. Uit deze nadruk op reflectiviteit volgt dat actoren tevens in staat zijn om informatie te geven over doel en redenen van hun gedrag. De capaciteit om deze kennis expliciet te verwoorden noemt Giddens het discursief bewustzijn (Giddens, 1991).

> *'Ervaring is niet wat je overkomt, het is wat je doet met wat je overkomt.'*
> (Karl Weick)

Giddens geeft aan dat de hedendaagse tijd een voortdurende oriëntatie op de toekomst vereist en dat het reconstrueren van het verleden samengaat met het anticiperen op een waarschijnlijk of gewenst verloop van de toekomst. Handelen is dan alleen mogelijk in wisselwerking met een voortdurende interpretatie van het verleden en een vooruitzien naar de toekomst. De manier waarop mensen vertellen over hun positie ten opzichte van het verleden, het heden en de toekomst, beïnvloedt daarom hun handelingsmogelijkheden.

De optimistische visie van Giddens op de handelingsbekwame burger lijkt niet voor iedereen op te gaan, zoals onder anderen Van Doorn (2002) en Hoogenboezem (2003) in hun studies over dak- en thuislozen hebben aangetoond. Hoogenboezem wijst er ook op dat veel sociale structuren, zoals bijvoorbeeld hulpverleningsinstellingen, gebaseerd zijn op regels en codes die de invloed en betekenisgeving van mensen die afhankelijk zijn van die structuren, belemmeren. Het gaat hier ook om het vraagstuk van uitsluiting en insluiting.

Goede hulpverlening moet niet alleen insluitend van karakter zijn, maar ook een structuur hanteren waarbinnen mensen (mede)zeggenschap hebben. In haar onderzoek naar chronische ziekte en zingeving stelt Baart (2002) dat er sprake is van symbolisch geweld als hulpverleningsinteracties leiden tot aantasting van zelfrespect en zelfwaardering. Baart laat zien hoe bezerend dit kan zijn. Goede hulpverlening bevordert juist zelfwaardering, geeft ruimte aan reflectiviteit en bevordert zelfvertrouwen. Zelfwaardering ontstaat mede door waardering te verlenen aan hetgeen men heeft meegemaakt en gepresteerd.

8.3.3 Ervaringsgericht leren

Het uitwisselen van ervaringen, ideeën en beelden is in iedere benadering die de betekenisgeving centraal stelt van belang. Zowel afzonderlijk als gezamenlijk kan er geleerd worden van ervaringen. Vijfentwintig jaar geleden ontwikkelde Kolb (1984) zijn bekende model van ervaringsgericht leren. Deze inzichten zijn (opnieuw) interessant in het kader van dit boek, omdat zij goed passen bij een aantal methoden die hierin beschreven staan, zoals bijvoorbeeld het oplossingsgericht werken en het rehabilitatiegericht handelen.

Ervaringsgericht leren vertrekt vanuit een visie op het leren die nauw aansluit bij het onderzoekend en reflecterend handelen. Het eigene aan het model van ervaringsgericht leren van Kolb is dat hij de fundamentele rol van ervaringen in het leerproces onderzocht en verbond met kennisontwikkeling. Bij hem zijn deze twee complementair. Nu eens ligt het accent op de ervaring, dan weer op de abstracte verwerking. Het leerresultaat is immers de resultante van de integratie van concrete ervaringen en cognitieve processen. Volgens Kolb is leren een cyclisch proces: concrete ervaringen opdoen, situaties verzamelen en observeren, de situaties analyseren en in een bredere context plaatsen, conclusies trekken die als basis fungeren voor het handelen in nieuwe situaties.

Het ervaringsgericht leren sluit aan bij een visie op leren die op dit ogenblik erg populair is, namelijk een visie waarin leren wordt gezien als een actief proces waarbij de lerende zelf, vanuit zijn reeds aanwezige kennis, nieuwe kennis en inzichten opbouwt. Dit is de constructivistische visie op leren (zie onder andere De Corte, 1996 en Bolhuis & Simons, 2001).

Leren omvat verschillende aspecten.
- Leren is zelf doen. Dit veronderstelt dat de lerende situaties aangeboden krijgt waarin hij zelf kan handelen, experimenteren in verschillende probleemsituaties.
- Leren is eigen antwoorden geven. De leersituatie moet zo georganiseerd worden dat iemand uitgenodigd wordt zelf antwoorden te zoeken.
- Leren is van anderen leren. Dit betekent dat er kansen moeten zijn om met 'lotgenoten' te praten, te overleggen, elkaar te bevragen en samen te werken. Hierdoor kan iemand bijvoorbeeld zijn eigen gezichtspunt relativeren.
- Leren is zelfstandig zijn en samenwerken. Leren is steeds gebaseerd op een zekere eigenzinnigheid die stilaan moet worden aangevuld. Daarom moet iemand kunnen experimenteren, zoeken en praten met anderen.
- Leren is dicht bij je lichaam blijven, je goed in je vel voelen. Wat iemand is en hoe hij functioneert, is vastgelegd in zijn lichaam. Heel de manier van bewegen, de houding die iemand aanneemt, kan gezien worden als een uitdrukking van zijn persoonlijkheid, van zijn relatie met de omgeving.
- Leren is samenleven, leren gaat over het leven. Door leren leert iemand de dingen om zich heen en de werkelijkheid beter te begrijpen (verg. De Waal, 2008).

Ervaringsgericht leren in de jeugdhulpverlening

Voor therapeutische toepassingen is ervaringsgericht leren als methodiek met name uitgewerkt binnen de jeugdhulpverlening (Ruikes, 1994). De methodiek kan gezien worden als een reactie op andere, veelal verbaal ingestelde, werkwijzen. De methodiek compenseert niet de tekorten van jongeren, maar accentueert de positieve mogelijkheden van de jongeren, werkt aan de verbetering van hun zelfbeeld, hun autonomie en hun sociale competentie. Ervaringsgericht leren biedt daarmee een nieuw perspectief aan jongeren. De methodiek ervaringsgericht leren is uitermate geschikt voor jongeren die op meerdere leefgebieden problemen ondervinden en al meerdere malen zijn vastgelopen in de hulpverlening. Zij worden immers aangesproken op hun positieve mogelijkheden en geactiveerd om iets te ondernemen. Binnen het ervaringsgericht leren staan activiteiten ondernemen, keuzes maken en toekomstplannen concretiseren centraal.

De vraag doemt op of iedere cliënt in staat is om te leren, of iedere hulpvrager hiervoor de competenties heeft. Uit het betekenisvol of ervaringsgericht leren komen twee competenties naar voren:
- de competentie om te observeren en te reflecteren;
- de competentie om tot begripsvorming te komen.

Deze competenties hebben vooral te maken met cognitieve mogelijkheden. In principe zijn deze mogelijkheden bij iedereen aanwezig, wellicht met uitzondering van mensen die te maken hebben met hersenbeschadigingen, zoals bij alzheimer of een ernstige (aangeboren) verstandelijke handicap.

Daarnaast zijn twee randvoorwaarden van belang voor het leerproces:
- de mogelijkheid om concrete ervaringen op te doen;
- de mogelijkheid om te experimenteren en te toetsen in de praktijk.

Daar waar dat nodig is, heeft de professional dus de taak om (a) competenties te vergroten of aan te vullen en (b) een omgeving te creëren of aan te bieden waar veilig geëxperimenteerd kan worden. Een therapeutische relatie kan zo'n omgeving zijn, bijvoorbeeld bij de oplossingsgerichte therapeut. Een mediator kan zorgen voor de juiste randvoorwaarden zodat twee partijen met elkaar kunnen praten over oplossingen. Een coördinator kan voor de ruimte zorgen om een Echt Recht- of Eigen Kracht-conferentie te laten plaatsvinden. Of denk aan de presentiegerichte dagvoorziening waar daklozen zich thuisvoelen en nieuwe positieve ervaringen kunnen opdoen.

8.3.4 Empowerment

De benaderingen die in dit boek beschreven zijn, zijn erop gericht mensen op de een of andere manier sterker te maken. Het gaat erom dat mensen in hun kracht komen en gebruikmaken van hun krachten. Bij krachten kun je denken aan talenten, vaardigheden, kennis, karaktertrekken (zoals doorzettingsvermogen en humor). De inspanningen van professionals om mensen van hun krachten gebruik te laten maken, zou je kunnen betitelen als bekrachtigend of empowerend. Vandaar dat we tot slot stilstaan bij enkele aspecten van empowerment.

Grondleggers van het empowermentparadigma zijn onder anderen Rappaport (1981) en Zimmerman (2000). Van Regenmortel (2002) omschrijft empowerment als: 'Een proces van versterking waarbij individuen, organisaties en gemeenschappen greep krijgen op de eigen situatie en hun omgeving en dit via het verwerven van controle, het aanscherpen van kritisch bewustzijn en het stimuleren van participatie.' Greep krijgen op de eigen situatie en participatie zijn kernelementen.

Van Regenmortel (2008) stelt dat er geen empowerment is zonder participatie. Deze participatie moet echter wel zijn afgestemd op de persoon en de context. Als mediërende mechanismen noemt zij:
- geloof en vertrouwen krijgen in eigen mogelijkheden om invloed uit te oefenen;
- zicht krijgen op beschikbare steun- en hulpbronnen om dit te verwezenlijken;
- de nodige vaardigheden ontwikkelen om deze bronnen te kunnen hanteren.

Empowerment is een proces, waarin men steeds verder kan groeien. Een krachtgerichte kijk is positief en antifatalistisch. Hoop en geloof in verandering blijven steeds overeind, ook in de meest moeilijke situaties. Van Regenmortel stelt dat empowerment twee ogenschijnlijk tegengestelde perspectieven met elkaar dient te verzoenen. Aan de ene kant de 'mannelijke' concepten van controle, macht en autonomie, en aan de andere kant de 'vrouwelijke' concepten van gemeenschapsvorming, coöperatie en verbondenheid. Empowerment stelt het creëren van synergetische allianties voorop, waarbij meerwaarde voor alle partijen nagestreefd wordt. Dit geldt voor de relatie tussen hulpverlener en cliënt, maar ook binnen organisaties of sociale netwerken, zoals bij de Eigen Kracht-conferentie.

Een krachtgerichte benadering richt zich op het versterken van bindingen. Het gaat daarbij om iemands binding met zichzelf, waarbij de eigen identiteit versterkt wordt. Het gaat ook om sociale bindingen: de relaties die iemand heeft met anderen in zijn omgeving en de samenleving.

Bij het versterken van de identiteit en de sociale positie van kwetsbare mensen gaat het er in de eerste plaats om mensen weer een gezicht te geven en een plaats in de samenleving (zie Petry & Nuy, 1997). Om dit te kunnen bereiken is *macht* nodig. Het gaat hier zowel om eigen-macht als om omgevings-macht. Veel kwetsbare mensen hebben een sterk gevoel van machteloosheid. Dit wordt vaak nog bevestigd door de samenleving. Zij worden als sociaal overbodig gezien en ervaren zichzelf ook als zodanig (Baart, 2001). Ze zijn de binding met zichzelf en de samenleving kwijtgeraakt. Een krachtgerichte benadering streeft herstel van deze bindingen na. Macht moet hier niet zozeer gezien worden als overheersingsmacht maar als beheersingsmacht. Het gaat om het gevoel controle te hebben over het eigen leven (inclusief de ziekte, de verslaving, de handicap) en om het vermogen het eigen leven te kunnen leiden zoals de betrokkene dat wil. Daarnaast gaat het om het (mede) invloed kunnen uitoefenen op de leefomgeving. Het betreft hier daadwerkelijke vormen van participatie en medezeggenschap, waardoor iemand het gevoel heeft mee te tellen.

Spiesschaert (2005; geciteerd in Van Regenmortel, 2008, p. 30-31) benoemt vijf verschillende kloven die overbrugd moeten worden: een participatiekloof, een gevoelskloof, een kenniskloof, een vaardighedenkloof en een krachtenkloof. Mensen helpen op deze gebieden vooruit te komen, is een belangrijke taak van professionals. Van Regenmortel stelt dat in de empowerende hulpverlening de twee-eenheid van *invoegen* en *toevoegen* van belang is. Cliënten moeten eerst zien dat een hulpverlener zich niet boven hen plaatst en dat ze hem kunnen vertrouwen; pas dan kunnen ze hem als een steun zien en erkennen. Deze gelijkwaardigheid op betrekkingsniveau invoegen (in de relatie), is een noodzakelijke voorwaarde om als hulpverlener iets te kunnen toevoegen. Respect voor autonomie en partnerschap zijn hier essentieel.

Het krachtenperspectief betekent: actief en creatief zoeken naar lichtpuntjes die (weer) hoop kunnen geven. De krachtenbenadering appelleert aan en stimuleert de veerkracht die in ieder menselijk wezen van nature aanwezig is. Het is de taak van de professional om in alle fasen van het hulpverleningsproces de inherente capaciteit tot leren, ontwikkelen en veranderen te exploreren en te mobiliseren, en hierbij de steun- en hulpbronnen in de omgeving te stimuleren en te ondersteunen.

8.4 Epiloog

In dit hoofdstuk kwamen een aantal kenmerken en ondersteunende concepten aan de orde, die samen de bouwstenen vormen voor nieuwe vormen van professioneel handelen. Ze passen in een tijd waarin de eigen identiteit, kracht en betekenisgeving van mensen weer volop in de aandacht staan. Het uitdagende is dat zich ook nieuwe wegen aftekenen voor de sociale professional zelf. Ook de professional is opnieuw op zoek naar eigen identiteit, kracht en betekenisgeving. Er is volop aandacht voor wat in de literatuur 'normatieve professionaliteit' heet (Van Houten, 2004, Jacobs e.a., 2008). Aanvankelijk werd het begrip vooral gebruikt om tegenwicht te bieden aan technisch-instrumentele professionaliteit, behorende bij een tijdsgewricht waarin sinds de jaren tachtig zakelijkheid en efficiëntie de zorg- en dienstverlening begonnen te domineren. Vanaf de jaren negentig kwam de nadruk meer te liggen op het moreel beraad dat ten grondslag moet liggen aan iedere vorm van professioneel handelen. Dit morele beraad betreft niet alleen de normen van de professional, maar ook de normen en waarden van de cliënt. Continue reflectie is hierbij onmisbaar.

Van Houten schrijft in dit verband (p. 205): 'Daarbij gaat het om zoekprocessen in de vorm van een dialoog tussen professional en cliënt. Het streven hierbij is dat binnen die dialoog sprake is van gelijkwaardigheid. Een voorwaarde voor een goede dialoog is wederzijds respect. Dat betekent niet dat de partijen het in alle opzichten met elkaar eens hoeven te zijn. Er is ruimte voor verschil. (....) Van cruciaal belang is dat het verhaal van de cliënt intact blijft. De professional mag zich dat verhaal niet toe-eigenen. Het verhaal betreft het dagelijks leven.'

Of, zoals Marlieke de Jonge het zegt: 'Er is een groot verhaal en er is een klein verhaal. Het grote verhaal gaat over de samenleving, het kleine over omgaan met elkaar in werk, huis en leefomgeving. Het grote verhaal gaat over de koers, het kleine over ons dagelijks doen en laten.' (...) De Jonge stelt dat het grote verhaal er is voor het kader en de koers; om zicht te krijgen op het maatschappelijke spel waar professionals en cliënten samen in gevangenzitten. (...) Zij doet een beroep op professionals (en cliënten) om zich bewust te zijn van het institutionele en politieke kader dat onvermijdelijk is, maar waar je je eigen verhaal niet in moet laten verzanden. Om te kantelen moet gezamenlijk overgestapt worden naar 'het kleine verhaal': 'Veranderen doe je niet achter een bureau of in de politieke werkelijkheid. Dat doe je van mens tot mens in het dagelijks samen-leven.'

Dansen op de regenboog

Het spijt me kind,
dit is geen wereld
voor dromers
en dansers op de regenboog.

Vraag niet 'Waarom?'
Er is geen antwoord.
Ik sta met lege handen
machteloos.

In deze wereld
moet je hard zijn,
leven met je ogen dicht,
vergeten.

Niet zien, niet horen
is wat grote mensen doen.
Dat noemen ze
volwassen en verstandig.

Ze noemen vrijheid
wat gebonden is
en zien niet
hoe de wereld openstaat.

Ze willen hebben
en beheersen,
bang voor vrijheid,
bang voor laten gaan.

Het spijt me kind,
maar grote mensen
moet je liever
niet vertrouwen.

Ze hebben macht,
maar wat ze weten
is een schijntje
van wat is.

Blijf dus de regenboog
maar zoeken,
de weg voorbij
de horizon.

Want wat zijn kinderen
zonder dromen
en wat een wereld
zonder regenboog?

Marlieke de Jonge

Literatuur

Apol, G., et al. (2006) *Conflicthantering en mediation*. Bussum: Coutinho.

Baart, I. (2002) *Ziekte en Zingeving. Een onderzoek naar chronische ziekte en subjectiviteit.* Assen: Van Gorcum.

Baart, A.J. (2001) *Een theorie van de presentie*. Utrecht: Uitgeverij Lemma.

Baart, A.J. (2006) *Tweespraak. Vier gesprekken over het ene goed van presentie.* Utrecht: Stichting Presentie.

Baart, A.J. & M. Grypdonck (2008) *Verpleegkunde en Presentie. Een zoektocht in dialoog naar de betekenis van presentie voor verpleegkundige zorg*. Utrecht: Uitgeverij Lemma.

Bal, F. (2009) De mislukte heropvoeding van onmaatschappelijken. *Historisch Nieuwsblad*, 11 april.

Bassant, J. (2003) Rehabilitatie. In: Bassant J. en S. de Roos red. *Methoden voor Sociaal-Pedagogische Hulpverleners*. Bussum: Coutinho, p. 143-156.

Berg, K. van den (2006) *Zorgvisie vanuit de presentie-attitude en vanuit de humanistische visie*. Inleiding tijdens de Landelijke Dag 2006 van de Stichting Landelijke Koepel Familieraden in de GGZ.

Berger, P. & T. Luckmann (1967) *The social construction of reality*. New York: Anchor Books.

Bolhuis, S. & P.R.J. Simons (2001) Naar een breder begrip van leren. In: *Human Resource Development*, Kessels, W.M. & Poell, R.F. (eds.), (pp. 37-51). Groningen: Samsom.

Bootsma, J. (2002) *Maatschappelijk Werk in model*. Utrecht: SWP.

Brenninkmeijer, A. et al. (2005) *Handboek mediation*, 3e geheel herziene druk. Den Haag: SDU Uitgeverij.

Brink, E. (2006) *GGZ Wetenschappelijk*. Jaargang 10. Nummer 2.

Burr, V. (2003) *Social constructionism. Second edition*. East Sussex: Routledge.

Centre for Effective Discipline (2008) *U.S.: Corporal Punishment and Paddling Statistics by State and Race*.
http://www.stophitting.com/index.php?page=statesbanning.

Chamberlain, J. (1978) *On our own: patient-controlled alternatives to the mental health system*. New York: Hawthorne books.

Corte, E. de (1996) Actief leren binnen krachtige onderwijsleeromgevingen. *Impuls*, 26 (4), 145-156.

Dekerf, J. & S. Plasschaert (2007) *Family Group Conferences: een nieuwe werkvorm in de bijzondere jeugdbijstand?* Leuven: Katholieke Universiteit Leuven.

DiClemente, C.C. & J.O Prochaska (1998) Toward a comprehensive, transtheoretical model of change: Stages of change and addictive behaviors. In: W. R. Miller, & N. Heather (Eds.) *Treating addictive behaviors: Processes of change*, 2nd ed. (pp. 3-24). New York: Plenum Press.

Donovan, D.M. & D.B. Rosengren (1999) Motivation for behavior change and treatment among substance abusers. In: J.A. Tucker, D.M. Donovan, & G.A. Marlatt (eds) *Changing addictive behavior: Bridging clinical and public health strategies* (pp. 127-159). New York: Guilford Press.

Doorn, L. van (2002) *Een tijd op straat. Een volgstudie naar (ex-)daklozen in Utrecht (1993-2000)*. Utrecht: NIZW.

Eigen Kracht-centrum voor Herstelgericht Werken (2005) *Handboek Echt Recht*. Zwolle.
Ewijk, H. van (2006) De Wmo als instrument in de transformatie van de welvaartsstaat en als impuls voor vernieuwing van het sociaal werk. *Sociale Interventie*, 3, 5-16.

Fisher, R., W. Ury & B. Patton (2007) *Excellent onderhandelen. Een praktische gids voor het best mogelijke resultaat*. Nederlands Business Contact.

Giddens, A. (1991) *Modernity and self-identity*. Cambridge: Polity Press.
Gier, E. de (2007) *Overpeinzingen bij een activerende participatiemaatschappij*. Rede uitgesproken bij de aanvaarding van het ambt van hoogleraar Comparatief Arbeidsmarktbeleid aan de Faculteit der Managementwetenschappen van de Radboud Universiteit Nijmegen.

Haas, W. de, A. Hacquebord & M. Mol (2008) *Lastige portretten. Dakloosheid in beeld*. Rhenen: De Haas Grafisch ontwerp.
Heijst, A. van (2005) *Menslievende zorg; Een ethische kijk op professionaliteit*. Kampen: Uitgeverij Klement.
Hermans, H.J.M. & E. Hermans-Jansen (1995) *Self-Narratives: The Construction of Meaning in Psychotherapy*. New York: Guilford Press.
Heymann, F.V. (2001) *Denken en doen in dialoog. Een methode van behoefteartistulatie en ontwikkeling*. Utrecht: Lemma.
Hoogenboezem, G. (2003) *Wonen in een verhaal. Dak- en thuisloosheid als sociaal proces*. Utrecht: Uitgeverij de Graaff.
Houten, D. van (2004) *De gevarieerde samenleving. Over gelijkwaardigheid en diversiteit*. Utrecht: De Tijdstroom.
Houten, D. van (2004) De nieuwe professional. In: Houten D. van (2004). *De gevarieerde samenleving. Over gelijkwaardigheid en diversiteit*. Utrecht: de Tijdstroom.

Isebaert, L. (2007) *Praktijkboek Oplossingsgerichte therapie*. Utrecht: De Tijdstroom.

Jacobs, G. (1998) *Rationeel-emotieve Therapie*. Houten: Bohn Stafleu.
Jacobs, G. et al. (2008) *Goed werk. Verkenningen van normatieve professionalisering*. Amsterdam: SWP.
Jong, de P. & I.K. Berg (2004) *De Kracht van Oplossingen*. Amsterdam: Pearson.

Kolb, D.A. (1984) *Experiential learning. Experience as the source of learning and development*. New Jersey: Prentice-Hall.
Korevaar, L. & J. Droes red. (2008) *Handboek rehabilitatie voor zorg en welzijn*. Bussum: Coutinho.

Laan, G. v.d. (2003) Presentie als Ingebedde Interventie. *Tijdschrift Sociale Interventie*, 2, 68-75.
Le Fevere de ten Hove, M. (2000) *Korte therapie*. Apeldoorn: Garant.
Leuven, C. van & A. Hendriks (2006) *Kind in bemiddeling: over transformatie van ouders van ex-partners in collega-ouders en de kindermomenten in bemiddeling*. Amsterdam: SWP.
Linde, M. van der (2008) *Basisboek geschiedenis Sociaal Werk in Nederland*. Amsterdam: SWP.

Macdonald, A.J. (1994/1997) Brief therapy in adult psychiatry. *Journal of Family Therapy,* 19, (2), 213-222(10).
MacGrath, J. (2005) The background to Family Group Conferences, NetCare, www.netcare-ni.com.
McKeel, A.J. (1996) A clinician's guide to research on - focused therapie. *Handbook of solution-focused brief therapy* (pp. 251-271). San Francisco: Jossey-Bass.
Miller, S.D., B.L. Duncan & M.A. Hubble (1997) *Escape from Babel - Towards a Unifying Language for Psychotherapy Practice.* Norton, New York/London.
Millner, R. & S. Rollnick (1991) *Motivational Interviewing: preparing people to change addictive behaviour.* New York/Londen: Guilford Press.
Mol, R. & A. Neutel (2005) *De straat als thuis.* Utrecht: Uitgeverij Lemma.

Nijnatten, C. van (2005) *Op verhaal komen.* Utrecht: Van Nijnatten.
NVMW (2006) *Beroepsprofiel van de Maatschappelijk Werker.*

Parreren, C.F. van (1969) *Psychologie van het leren I.* Deventer: Van Loghum Slaterus.
Parreren, C.F. van (1974) Het functioneren van leerresultaten. In: C.F. van Parreren & J. Peeck (eds.), *Informatie over leren en onderwijzen* (pp. 114-130). Groningen: Wolters-Noordhoff.
Petry, D. & M. Nuy (1997) *De ontmaskering; de terugkeer van het eigen gelaat van mensen met chronisch psychiatrische beperkingen.* Utrecht: SWP.
Petry, D. (2005) *Onderweg. Een trialogische biografie.* Maastricht: Stichting Onderweg.
Plooy, A. (2008) Van verblijf naar herstel. Lezing gepubliceerd in het *Tijdschrift voor Rehabilitatie en herstel van mensen met psychische beperkingen.* 17[de] jaargang, nummer 2.
Pols, J. et al. (2003) *Rehabilitatie als praktijk. Een etnografisch onderzoek in twee psychiatrische ziekenhuizen.* Utrecht: Trimbos-instituut.
Pols, J. (2004) *Good care, Enacting a complex ideal in long-term psychiatry.* Utrecht: Trimbos-instituut.
Prein, H. et al. (2006) *Benaderingen en inspiratiebronnen van mediation.* Mediationreeks Deel 5. Den Haag: SDU Uitgeverij.
Prein, H. (2006) *Beroepsvaardigheden en interventietechnieken van de mediator.* Mediationreeks Deel 2. Den Haag: SDU Uitgeverij.

Rapp, C. & Goscha R. (2006) *The Strengths model; case management with people with psychiatric disabilities.* Second edition. New York: Oxford University Press.
Rappaport, R. (1981) In praise of a paradox: a social policy of empowerment over prevention. *American Journal of Community Psychology,* 9, 1, p.121-148.
Redl, F. & D. Wineman (1978) *Kinderen die haten.* Utrecht: Bijlenveld.
Regenmortel, T. van (2002) *Empowerment en Maatzorg. Een krachtgerichte psychologische kijk op armoede.* Leuven: Acco.
Regenmortel, T. van (2008) *Zwanger van empowerment. Een uitdagend kader voor sociale inclusie en moderne zorg.* Eindhoven: Fontys Hogescholen.
Ricoeur, P. (1970) *Wegen van de filosofie.* Baarn: Ambo.
Ricoeur, P. (1986) Life, a story in search of a narrator. In M.C. Doeser & J.N. Kraay (eds), *Facts and Values.* (pp. 121-132). Dordrecht: Nijhoff.
Riet, N. van (2003) *Maatschappelijk Werk Basisboek.* Groningen: Wolters Noordhoff.
Rogers, C. (1975) *Cliënt als middelpunt.* Lemniscaat: Rotterdam.
Ruikes, T.J.M. (1994) *Ervaren en leren. Theorie en praktijk van ervaringsleren voor jeugdhulpverlening, jeugdbescherming en jeugdwerk.* Utrecht: SWP.

Schalock, R. & Verdugo, A. (2002) *Handbook on quality of life for human service practitioners,* Washington, American Association on Mental Retardation.
Schriever, B. (2007) *Over de drempel. Laagdrempelige opvang en ambulante woonbegeleiding.* Utrecht: Kenniscentrum Sociale Innovatie Hogeschool Utrecht/Amsterdam: Uitgeverij SWP.
Shazer, S. de (1988) *Clues: Investigating solutions in brief therapy.* New York: Norton.
Shazer, S. de & Y. Dolan (2009) *Oplossingsgerichte therapie in de praktijk, wonderen die werken.* Amsterdam: Hogrefe Uitgevers BV.
Slot, W., & H. Spanjaard (1999) *Competentievergroting in de residentiële jeugdzorg. Hulpverlening voor kinderen en jongeren in tehuizen.* Baarn: HB Uitgevers.
Spinder, S. & A. van Hout (2007) *Krachten en kansen: initiatieven voor vernieuwing in zorg en welzijn.* Houten: Bohn Stafleu van Loghum.
Spruijt, E. (2007) *Scheidingskinderen.* Amsterdam: SWP.
Steman, C. & Gennep A. van (1996) *Supported Living. Een handreiking voor begeleiders.* Utrecht: Uitgeverij NIZW.
Tongeren, P. van (1994) Narrativiteit en hermeneutiek. *Ethische perspectieven* 4, 1, 66-81.

Voorde, H. v.d., Meel, T. van Gillissen, R. (2003) Luctor et Emergis; over de wording van rehabilitatie in Zeeland. *Passage 4/ 2003.*

Waal, V. de (2008) *Uitdagend leren. Culturele en maatschappelijk activiteiten als leeromgeving.* Bussum: Coutinho.
Walgrave, L. (2000) *Met het oog op herstel. Bakens voor een constructief jeugd-sanctierecht.* Leuven: Universitaire Pers Leuven.
WESP, (2007) *Gewoon normaal tegen elkaar doen.* Voorhout.
WESP, (2008) *Uitdraai van gegevens op aanvraag.* Voorhout.
Wijnen-Lunenburg, R. et al. (2008) *De familie aan zet,* PI-Research/WESP, Duivendrecht/Voorhout.
Wijngaarden, B. van & Wilken, J.P. (2008) *Een getrouwheidsmaat voor het Systematisch Rehabilitatiegericht Handelen.* Utrecht: Trimbos-instituut.
Wilken, J.P. & Hollander, D. den (1999, zevende druk 2008) *Psychosociale rehabilitatie, een integrale benadering.* Amsterdam: SWP.
Wilken, J.P. & Duurkoop, P. (2002) *Een weg naar wens. Onderzoeksresultaten van de implementatie van de rehabilitatiebenadering.* Bilthoven/Raalte: Storm Rehabilitatie/Zwolse Poort.
Wilken, J.P. (2003) Systematisch Rehabilitatiegericht Handelen in de ambulante woonbegeleiding. In: *Wij komen er aan!* Amsterdam: SWP.
Wilken, J.P. & Hollander, D. den (2005) *Rehabilitation and Recovery, a comprehensive approach.* Amsterdam: SWP.
Wilken, J.P. (2007) *Zorg en ondersteuning in de samenleving. Voorwaarden voor succesvolle vermaatschappelijking van de gehandicaptenzorg.* Amsterdam/Utrecht: Uitgeverij SWP/Kenniscentrum Sociale Innovatie.
Wolf, J. (2002) *Een kwestie van uitburgering.* Amsterdam: Uitgeverij SWP.

Zimmerman, M.A. (2000) Empowerment theory: psychological, organizational and community levels of analysis. In: Rappaport & Seidman (eds). *Handbook of Community Psychology.* Kluwer Academic /Plenum Publishers., p. 43-63.

Websites

www.presentie.nl
www.nmi-mediation.nl
www.rinogroep.nl/lczorg
www.kenniscentrumrehabilitatie.nl
www.rehabilitatie.nl
www.solution-focused.nl
www.hypnotherapiedelfin.nl
www.solutionsdoc.co.uk
www.catharijnehuis.nl
www.eigen-kracht.nl
www.echt-recht.nl